KATERIN KATERINOV
MARIA CLOTILDE BORIOSI KATERINOV
professori associati presso
l'Università Italiana
per Stranieri di Perugia

LA LINGUA ITALIANA
per stranieri
con le 3000 parole più usate nell'italiano d'oggi (regole essenziali, esercizi ed esempi d'autore)

con la collaborazione di:
Laura Berrettini
Mauro Pichiassi
Giovanna Zaganelli

ricercatori presso l'Università
Italiana per Stranieri di Perugia

CORSO ELEMENTARE ED INTERMEDIO
(le 2000 parole più usate)

4ª EDIZIONE, 1985
EDIZIONI GUERRA, PERUGIA

3. 2. 1.
2000 99 98 97

Copertina a cura di R. Bienkowski
Disegni: Dino Tardioli
Progettazione eseguita con il Personal Computer IBM
Collaborazione al computo del lessico: Joanna Kraczek
Tutti i diritti riservati del testo che del metodo
© Edizioni Guerra 1985 - Prima edizione 1973
Stampa: Guerra guru s.r.l. - Perugia

PREFAZIONE ALLA QUARTA EDIZIONE (1985)

Nella prefazione alla prima edizione dell'opera (1973) accennavamo al clima in cui si dibatteva in quegli anni la glottodidattica. Oggi, nel momento in cui vede la luce questa quarta edizione, la situazione non è meno incerta. Se negli anni '60 e '70 la questione si poneva in termini di validità in assoluto dei metodi moderni, oggi i più recenti sviluppi delle scienze psicopedagogiche e psicolinguistiche impongono di nuovo una revisione delle strategie didattiche sin qui adottate.

Gli oltre dieci anni di successi più che lusinghieri raccolti dal nostro testo non potevano, a nostro avviso, costituire la prova assoluta della sua adeguatezza alle tendenze più avanzate della glottodidattica. La fiducia che da anni ci testimoniano tanti insegnanti meritava la fatica di mettere a punto una nuova proposta metodologica in linea con i tempi, attenta ai bisogni linguistici dei destinatari d'oggi, e, insieme, alle esigenze di un insegnamento basato sull'approccio comunicativo.

In questo lavoro ci siamo ispirati alle tendenze più avanzate nel campo dell'insegnamento linguistico, non trascurando tuttavia i preziosi suggerimenti di colleghi che operano nei più diversi paesi del mondo.

*Nel campo della programmazione dei sussidi didattici ogni valutazione di adeguatezza non può prescindere dai bisogni dei destinatari prescelti e dagli obiettivi prefissati. Un programma **nozionale-sintetico** come quello qui proposto, imperniato sugli elementi lessicali e grammaticali di più alta frequenza, risulterà adeguato per chi intende dedicarsi allo studio sistematico delle strutture linguistiche, così da raggiungere una sufficiente **competenza linguistica**. Viceversa, un programma **nozionale-analitico** sarà in grado di soddisfare le esigenze di chi è interessato soprattutto a raggiungere una sufficiente **competenza comunicativa**.*

Per quanto concerne la dicotomia "tradizionalista" - "antitradizionalista", diciamo subito che per noi il primo termine non ha sempre un significato negativo, come del resto il secondo non ha sempre un significato positivo. Nella storia, anche recente, della linguistica applicata sono frequenti le esaltazioni unilaterali di un sistema e la totale negazione di un altro. Il nuovo si presenta spesso come negazione della tradizione. A nostro avviso una nuova teoria scientifica non può essere intesa come rottura con ogni fase precedente, bensì va interpretata come sintesi delle esperienze del passato e del presente. Si tratta quindi di recuperare quanto di più positivo la tradizione offre per adattarlo al nuovo, accogliendo le più recenti conquiste della ricerca nel campo specifico.

La complessità del sistema grammaticale della lingua italiana è tale che difficilmente possono adattarsi al suo insegnamento schemi didattici di tipo prevalentemente comunicativo, applicabili a lingue come, ad esempio, l'inglese. Questa nuova proposta, recuperando l'acquisizione della competenza grammaticale, s'ispira all'approccio nozionale-sintetico, senza tuttavia trascurare le istanze dell'approccio comunicativo.

Anche in questa nuova edizione vengono affrontati in chiave didattica temi di fondamentale importanza, quali l'uso dei tempi passati (con particolate enfasi sull'opposizione perfetto/imperfetto), il condizionale, il congiuntivo, la concordanza dei tempi e dei modi, ecc... Non si tratta, però, di un ritorno al grammaticalismo: nello sviluppo delle unità didattiche viene dato il debito spazio all'acquisizione della competenza comunicativa che, come ben sa ogni insegnante, non sempre coincide con la mera competenza grammaticale.

Nel contesto delle situazioni più frequenti in cui uno straniero si trova ad interagire quando intrattiene rapporti con parlanti nativi, lo studente è chiamato ad assolvere le diverse funzioni linguistiche (come: esprimere consenso, dissenso, riserva, rammarico, ecc...) e a calarsi in ruoli sociali che presuppongono l'uso di diversi registri di lingua (confidenziale, formale, informale). Le strutture lessicali e morfosintattiche sono state computerizzate e messe a confronto con quelle delle precedenti edizioni e con le indicazioni delle opere più importanti per l'insegnamento delle lingue. Nell'ambito delle situazioni proposte sono quindi rintracciabili le strutture morfosintattiche, lessicali e fonologiche che, alla luce di ricerche preliminari condotte con l'elaboratore elettronico, risultano più frequenti in quei contesti di comunicazione. Il discorso grammaticale non costituisce il punto di partenza, bensì discende dalle situazioni opportunamente prescelte per farlo scaturire con naturalezza.

Particolare attenzione è stata riservata alla tendenza dell'adulto ad impadronirsi di strutture che gli consentono di comunicare nella L2 senza rinunciare al proprio "stile" espressivo e alla propria personalità. A ciò si deve la vasta gamma di strutture presentate per esprimere le diverse funzioni e la varietà del lessico pertinente a ciascuna situazione.

Il materiale linguistico è strutturato in 25 unità, precedute da una unità introduttiva, che presuppongono il costante coinvolgimento del discente. Non più relegato al ruolo di spettatore di situazioni da descrivere, egli è messo sin dall'inizio in condizione di acquisire **attivamente** modelli di lingua viva e quindi di comunicare subito in italiano.

Le unità sono organizzate in quattro momenti: **comprensione, rinforzo, transfer e controllo.** Particolare rilievo viene dato alla fase del **transfer,** momento in cui il discente è condotto ad esprimersi in maniera autonoma riutilizzando nozioni e strutture linguistiche apprese di volta in volta nell'ambito dell'unità e riferendole ad esperienze che lo riguardano di persona.

Nel suo insieme questo Corso risulta idoneo anche allo studio individuale. È infatti corredato di Supplementi in cui sono previsti esercizi sulle difficoltà più tipiche e frequenti per ciascun gruppo linguistico, brevi spiegazioni grammaticali nella lingua dello studente e accenni ai vari registri di lingua e ai contesti in cui possono venire usati.

Presupposti teorici di questo Corso sono alcune nostre ricerche sugli errori commessi in italiano da studenti di diverse lingue, sulla frequenza delle strutture lessicali e grammaticali dell'italiano contemporaneo, sulle motivazioni che inducono allo studio dell'italiano come L2 e sulle condizioni in cui s'insegna l'italiano all'estero.

La consapevolezza della peculiarità delle condizioni in cui operiamo come docenti all'Università per Stranieri di Perugia ci ha suggerito di considerare marginale la nostra esperienza e di attingere soprattutto a quella ben diversa delle migliaia di insegnanti incontrati nei numerosi Corsi di aggiornamento da noi tenuti su incarico del Ministero degli Esteri italiano e di istituzioni locali.

Nel licenziare alle stampe questa quarta edizione, ci anima la speranza che il nostro intento di offrire ai colleghi che operano per la diffusione dell'italiano nel mondo uno strumento di lavoro efficace ed aggiornato, sia stato raggiunto. Non ci nascondiamo, tuttavia, che anche quest'ultima fatica non può considerarsi definitiva. Siamo certi che al suo ulteriore perfezionamento vorranno contribuire ancora una volta i destinatari stessi.

Gli autori

PREFAZIONE ALLA PRIMA EDIZIONE (1973)

Questo lavoro esce in un momento particolarmente critico. Se da un lato i metodi tradizionali vengono quasi unanimemente considerati superati, dall'altro l'approvazione dei metodi moderni (metodi diretti, metodi audiovisivi, metodi audio-orali) non è più incondizionata come lo era fino a qualche anno fa.

Dal 1964, infatti, eminenti specialisti nel campo della didattica delle lingue straniere esprimono forti riserve sulla validà in assoluto dei citati metodi moderni (Carrol, Rivers, Stern, Titone, Wardhaugh, ecc.). Alcuni sono addirittura dell'opinione che non ci siano le premesse per giungere presto alla scoperta di un nuovo metodo in grado di provocare nel campo dell'insegnamento delle lingue una rivoluzione analoga a quella che negli anni cinquanta fece il metodo audio-orale, con cui pareva che si fosse data una risposta definitiva ai principali problemi di didattica linguistica.

Indice del clima di disorientamento metodologico che caratterizza il momento attuale sono anche le molteplici «riscoperte» di procedimenti didattici un tempo considerati superati.

Essendo anche noi coscienti dell'impossibilità di avanzare per ora proposte nuove e «rivoluzionarie», ci siamo limitati a tentare d'integrare l'esperienza del passato con quanto di più valido offrono i metodi moderni, arricchendo questa operazione con i risultati di nostre ricerche condotte per anni presso l'Università Italiana per Stranieri di Perugia, con studenti di diverse nazionalità.

I principi che stanno alla base del presente metodo sono i seguenti:

1. Frequenza d'uso. Tale principio è stato seguito sia nella mediazione del lessico che in quella delle strutture della lingua.
    Stando alle statistiche in questo campo, le prime 1000 parole in ordine di frequenza coprono l'85% dell'uso che si fa di una lingua, le prime 3000 il 95% e le restanti solo il 5%. Conoscendo quelle 1000 parole si può dunque capire e dire tutto ciò che si ascolta o si vuole comunicare.
    Nel Corso elementare ed intermedio sono incluse le 1.500 parole di uso più frequente, mentre l'intero corso comprende le 3.000 parole più frequenti, vale a dire il 95% dell'uso. Secondo Verlee (1963), un bagaglio lessicale di tale consistenza «... permette di esprimersi in modo essenziale e corretto su un'innumerevole quantità di soggetti

non tecnici». La selezione del lessico è stata operata attraverso l'analisi comparata di una decina di opere lessicografiche relative all'italiano e ad altre lingue. Al lessico basico in tal modo dedotto sono state aggiunte alcune voci che, pur non essendo incluse nelle suddette opere, risultano di estrema utilità sin dai primissimi passi dello studio.

2. Diversità d'impostazione fra manuali d'italiano destinati ad italiani e manuali d'italiano destinati a stranieri.

In quasi tutti i manuali tradizionali «per stranieri» oggi esistenti risulta chiara l'analogia con i criteri metodologici seguiti normalmente nei manuali destinati alla scuola italiana.

Nella distribuzione della materia e nella esposizione si dovrebbe, invece, tenere conto delle particolari esigenze di studenti stranieri che devono imparare una lingua nuova, che non possono essere le stesse degli studenti italiani di scuola media o superiore, per i quali si tratta in definitiva di affinare le capacità espressive nella lingua materna.

Se nelle grammatiche per italiani si può benissimo continuare a parlare dell'imperfetto come tempo che «esprime la DURATA di un'azione» e presentarlo staccato dal perfetto (passato prossimo e passato remoto), ciò sarebbe un grosso rischio nel caso di manuali per stranieri, soprattutto di lingue germaniche e slave, in quanto il risultato sarebbe la costruzione di frasi del tipo: «Ieri PIOVEVA tutto il giorno»; «STAVO male tutta la notte»; «Mio nonno VIVEVA la maggior parte della sua vita in campagna», «VIAGGIAVO molto l'anno scorso», ecc.

Altro errore sarebbe, nel caso di un manuale destinato a stranieri, dividere il piuccheperfetto in trapassato PROSSIMO e trapassato REMOTO. Lo conferma anche una nostra esperienza personale. Avendo sottoposto a studenti che avevano già studiato l'italiano per 150-200 ore un test in cui comparivano i quesiti «Ha detto che quel film (vederlo)... già» e «Disse che quel film (vederlo)... già», si è potuto constatare che più del 95% degli studenti ha risposto nel modo seguente: «Ha detto che quel film l'aveva già visto» (abbinando il trapassato prossimo al passato prossimo) e «Disse che quel film l'ebbe visto già» (abbinando il trapassato remoto al passato remoto).

Se in una grammatica per italiani si può ancora accettare che il periodo ipotetico venga distinto in tre casi (della realtà, della possibilità, dell'impossibilità), in una grammatica per stranieri tale suddivisione non appare conveniente, soprattutto perché questa struttura tanto frequente, introdotta dalla congiunzione «se» (registrata al n. 33 nel Lessico di frequenza della lingua italiana contemporanea *del Centro Nazionale Universitario di Calcolo Elettronico di Pisa (CNUCE) a cura di U. Bortolini, C. Tagliavini e A. Zampolli), non si dovrebbe proporre soltanto verso la fine del corso, dopo cioè lo studio del condizionale e dell'imperfetto e del trapassato del congiuntivo. Il primo ed il terzo caso si possono studiare nelle lezioni che trattano il presente, il futuro e l'imperfetto.*

Tra l'altro va osservato che ben difficilmente una persona con una logica normale prima di formulare un pensiero si chiede se si tratta del periodo ipotetico della realtà, della possibilità, dell'impossibilità o di un caso misto.

3. Abilità orali e grafiche. *Soprattutto nella fase iniziale le abilità orali hanno la preminenza su quelle grafiche. Prima: «ascoltare-capire-parlare» (dialoghi e drills), poi:*

«leggere-capire-scrivere» (passaggio all'espressione scritta soltanto dopo l'acquisita padronanza dei suoni, al fine di evitare l'influenza della grafia sulla pronuncia e della lingua materna su quella da apprendere). Sin dal primissimo approccio con la lingua, la corretta pronuncia acquista un'importanza pari a quella della corretta grafia. A tale scopo sono previsti appositi esercizi di pronuncia e di intonazione.

4. Insegnamento su basi contrastive. *Come vari studi di linguistica applicata e di psicolinguistica hanno chiaramente messo in luce, il maggior ostacolo per l'apprendimento di una lingua straniera è costituito dall'interferenza che la lingua materna (L1), o un'altra lingua precedentemente studiata, esercita sulla lingua da apprendere (L2). Secondo CH. C. Fries, l'apprendimento di una lingua nuova viene reso difficile non tanto dalle caratteristiche strutturali di questa, quanto piuttosto dalle abitudini ormai radicate nella lingua materna o in un'altra lingua straniera precedentemente studiata. Per questa ragione, pur trattandosi di un insegnamento monolinguale, nell'elaborazione dei sussidi si è tenuto conto dei problemi che i discenti di diversi gruppi linguistici incontrano nell'approccio con l'italiano.*

Attraverso una ricerca statistica da noi condotta presso l'Università Italiana per Stranieri di Perugia e mediante l'analisi delle prove scritte d'esame e degli elaborati in classe di migliaia di studenti di diverse nazionalità del Corso Medio e Superiore, ci è stato possibile evidenziare con estrema esattezza gli errori tipici e gli errori più frequenti commessi da parlanti di ciascuno dei gruppi linguistici presi in esame.

Riportiamo qui di seguito alcuni dati parziali della nostra ricerca:

n. 100 studenti	di lingua tedesca	- totale errori:	696
n. 100 studenti	di lingua inglese	- totale errori:	928
n. 100 studenti	di lingua spagnola	- totale errori:	1.693
n. 100 studenti	di lingua francese	- totale errori:	712
n. 100 studenti	di lingua greca	- totale errori:	1.126
n. 100 studenti di diverse lingue slave		- totale errori:	875

Ed ecco un esempio di alcuni degli *errori più frequenti:*

TIPO DI ERRORE IN ITALIANO	100 studenti di lingua tedesca	lingua inglese	lingua spagnola	lingua francese	lingua greca	lingue slave
1. Uso delle preposizioni	148	137	289	107	197	175
2. Scambio perfetto-imperfetto	103	114	8	4	14	100
3. Articolo: forme ed uso	65	122	82	75	208	212
4. Pronomi personali	15	17	196	39	17	58
5. Doppie consonanti	36	57	135	63	190	94
6. Interferenze lessicali	59	40	124	200	150	87
7. Ausiliari: scelta	9	16	129	12	12	25
8. Ortografia: problemi vari	7	12	129	19	107	58

Sulla scorta di questi dati inoppugnabili, l'insegnante potrà dedicare una trattazione più approfondita a quegli aspetti che risultano di più difficile assimilazione da parte dei suoi studenti, riservando minore attenzione, o, a volte, sorvolando su quelli che non presentano particolari difficoltà. Nel caso, ad esempio, di una classe di studenti di lingua spagnola o francese, si sorvolerà sull'opposizione «perfetto-imperfetto», mentre nel caso di studenti di lingue germaniche o slave non ci si accontenterà di quanto il manuale offre, ma, sulla scorta dei modelli proposti, si potranno elaborare altri esercizi supplementari.

Va detto subito che l'insegnamento in chiave contrastiva andrebbe svolto, soprattutto nelle fasi iniziali, senza espliciti riferimenti alla lingua materna dei discenti, onde evitare i pericoli contro cui mette in guardia Parreren (Die Systemtheorie und der Fremdsprachenunterricht. Lernpsychologische Befunde, in "Praxis", 1964/3, pag. 215): «Le indicazioni comparative sulla diversità fra le due lingue non evitano il pericolo di confusione, ma addirittura lo promuovono».

5. Tipologia e frequenza degli errori: «*Per molte ragioni i programmatori stanno cambiando il loro atteggiamento nei riguardi dell'errore. Gli errori, precedentemente motivo di estese revisioni, hanno assunto un posto importante nel programma. Soltanto se lo studente ha l'occasione di commettere un errore, il programmatore ricava l'informazione su ciò che lo studente ha bisogno d'imparare*» (Markle, 1963).

   Nella elaborazione del presente manuale si è tenuto conto non solo della tipologia, ma anche della frequenza degli errori. Vi sono, infatti, errori che uno studente può commettere decine di volte al giorno («Oggi compravo un disco» per studenti di lingue germaniche o slave; «Salutammo al professore» per studenti di lingua spagnola; «Sapeva che lui verrà» per studenti di tutte le lingue slave). Ve ne sono altri, invece, che si commettono molto più raramente («i diti - le dita»). Ricorrendo ancora alla statistica, possiamo affermare che se si riuscisse ad eliminare 5 errori con indice di frequenza 20, sarebbe come averne eliminati 100 con indice di frequenza 1.

6. Fondamentale differenza fra l'atteggiamento dell'adulto nell'approccio con la lingua straniera (L2) e quello del bambino con la lingua materna (L1). *Essendo questo manuale rivolto ad adulti con qualsiasi tipo di preparazione, abbiamo cercato di evitare l'errore tipico in cui incorrono i metodi diretti classici, quello cioè di stabilire facili quanto errati parallelismi fra l'acquisizione della lingua materna e quella della lingua straniera.*

   Abbiamo tenuto conto di due fattori essenziali:

   a) Nell'apprendere la lingua materna, il bambino stabilisce il suo primo contatto con la vita e si accosta al primo sistema di simboli in cui essa si traduce. Per il bambino, apprendere la lingua significa né più né meno che VIVERE. Egli percepisce subito che la padronanza della lingua gli consente di comunicare con gli altri, di non essere alienato dalla società. La consapevolezza del fatto che la conoscenza della lingua materna è una necessità vitale costituisce per lui uno stimolo a fare rapidi progressi. Quando, viceversa, un adulto si accinge a studiare una lingua straniera, si tratta per lo più di un interesse culturale o economico, che, per quanto forte possa essere, non è mai vitale. Da ciò il diverso atteggiamento fra bambino e adulto nell'approccio con la lingua da apprendere.

   b) Durante l'apprendimento della lingua materna il bambino non subisce, evidentemente, le interferenze di un altro sistema linguistico. Per l'adulto, al contrario, la

X

situazione è ben diversa: egli è continuamente sottoposto all'interferenza della lingua materna o di altre lingue straniere precedentemente studiate, la quale si configura in una serie di abitudini, saldamente automatizzate, che sfuggono al controllo della coscienza.

Avendo ben chiara tale differenza, abbiamo proposto argomenti che, oltre a riflettere le strutture più frequenti della lingua della comunicazione orale, rispecchiano situazioni reali nell'ambito della sfera d'interessi degli adulti.

Abbiamo prestato particolare attenzione anche al modo di presentare gli argomenti. Non abbiamo trascurato la necessità da parte dell'adulto di arrivare ad una sintesi, senza far affidamento soltanto sulla memoria. Come è noto, infatti, mediare centinaia di strutture e farle ripetere fino a quando gli studenti le abbiano memorizzate non è sufficiente: le abitudini acquisite in tal modo tendono a sparire con il tempo.

7. Una sola difficoltà alla volta. *Partendo da quello che è uno dei principi fondamentali della linguistica, vale a dire che l'unità minima del discorso non è la parola, ma la struttura, abbiamo evitato di fornire (dalla seconda ora di lezione in poi) parole isolate da un contesto. Ogni parola nuova viene inserita in strutture già assimilate e, a sua volta, ogni struttura nuova viene mediata con lessico noto e attraverso strutture già studiate. In tal modo il discente si trova ad affrontare di volta in volta o una difficoltà lessicale o una difficoltà grammaticale, e mai le due insieme.*

In qualsiasi momento dello studio il discente può controllare la quantità di lessico appreso («A questo punto Lei conosce... parole italiane») ed in calce ad ogni pagina può vedere quali parole compaiono per la prima volta.
Il rapporto «frasi-parole nuove» è di 3:1; il rapporto «parole note-parole nuove» è di 10:1. Anche per le strutture, come per le parole, esiste un rapporto «strutture note-strutture nuove».

8. Abitudini linguistiche / regole grammaticali. *Ci siamo scrupolosamente attenuti al principio che l'enunciazione della norma, o meglio, la sintesi, viene per ultima. Per assecondare il naturale processo mentale del discente che, osservando i fatti linguistici nuovi cerca di individuare da solo ciò che è tipico e ciò che non lo è, gli abbiamo fornito ogni volta numerosi esempi del fenomeno trattato, guidandolo nella sua ricerca della sintesi ed evitando al massimo di proporgliela in anticipo, per non annullare il suo spirito di osservazione.*

Ci trova del tutto consenzienti l'affermazione di B. W. Beljaev secondo cui «Per quanto si riferisce alla padronanza pratica della lingua straniera non sono d'importanza determinante le conoscenze linguistiche teoriche, ma le abitudini linguistiche automatizzate, che non si formano con il semplice apprendimento delle regole, ma sono il risultato di un ricco training colloquiale nella lingua straniera». Meglio quindi mostrare e far ripetere più volte, che spiegare, anche bene, una sola volta.

Abbiamo opposto ad un insegnamento basato sulla descrizione della lingua, *con le sue varie regole ed eccezioni, un tipo d'insegnamento che propone modelli da osservare e da imitare, dai quali si può dedurre una norma.*
La grammatica tradizionale descrive *la lingua, più che insegnarla, ed il suo obiettivo*

è la pura mediazione dei fatti grammaticali. Per noi, al contrario, l'acquisizione dei fatti linguistici costituisce soltanto una fase intermedia del processo di apprendimento, il quale può considerarsi compiuto solo con il raggiungimento dell'automatismo. Siamo cioè dell'avviso che si debbano formare e consolidare abitudini linguistiche. *D'altra parte, però, la nostra esperienza ci conferma che raramente un discente adulto può giungere all'automatismo nell'uso di una struttura se prima non l'ha capita. «Conoscere di fatto una lingua implica non necessariamente l'esecuzione di comportamenti articolatori o percettivi, ma soprattutto una soggiacente competenza che rende possibile l'esecuzione» (R. Titone, 1971). Essendo il nostro messaggio diretto ad adulti, abbiamo inteso pertanto non escludere del tutto la regola, senza tuttavia darla in anticipo. Si è cercato di integrare le esperienze passate con quelle più recenti, scartando il grammaticalismo tradizionale (descrivere più che insegnare la lingua) ed il modernismo ad ogni costo (trascurare la naturale necessità della mente adulta di arrivare ad una sintesi). Si è tenuto conto anche dell'esperienza nell'insegnamento di altre lingue moderne.*

9. Automatismo. *È da noi considerato l'ultima fase dell'apprendimento. A questo traguardo si giunge attraverso un lungo training colloquiale sulla base dei modelli proposti e mediante esercizi-drills nel laboratorio linguistico. A quest'ultimo tipo di esercitazione abbiamo dedicato un'attenzione a parte. Il lavoro didattico è stato da noi ripartito nel modo seguente: a) in classe: apprendere modelli nuovi ed esercitarli; b) nel laboratorio linguistico o con il magnetofono: esercitare modelli già noti (evitando l'inserimento di elementi nuovi) fino all'acquisizione dell'automatismo nell'uso.*

10. Criterio «situazionale». *Le frasi-modello e le strutture grammaticali vengono proposte in contesti che riflettono situazioni della vita di ogni giorno, attraverso i quali esse risultano sempre motivate e mai artificiose. È lo sviluppo della situazione stessa che determina lo svolgersi dell'argomento grammaticale (v. il periodo ipotetico, il condizionale, ecc.) di cui essa è pretesto.*

11. Trattazione dialettica di argomenti grammaticali. *Ove ciò è possibile, gli argomenti grammaticali vengono affrontati nei loro rapporti dialettici. Per esempio, l'imperfetto ed il perfetto, il passato prossimo ed il passato remoto, sono presentati non separatamente, ma in opposizione, come avviene cioè nella pratica della lingua.*

12. Distribuzione della materia. *L'arricchimento del lessico e l'acquisizione di strutture sempre più complesse sono graduali. Le 1000 parole più usate nell'italiano d'oggi, vale a dire l'85% dell'uso secondo le statistiche, sono state mediate attraverso quelle strutture che costituiscono all'incirca la stessa percentuale per quanto riguarda l'uso della grammatica.*

13. Pratica della traduzione. *La massima graduazione della materia e delle difficoltà (una sola difficoltà alla volta) esclude del tutto la necessità di ricorrere alla traduzione per mediare i fatti grammaticali e linguistici. Essa viene suggerita, in forma di retroversione, qui e nelle fasi più avanzate, soltanto come mezzo per consolidare le nozioni apprese. È stata abolita del tutto la traduzione permanente («testo a fronte») che non permette al discente di staccarsi dalla propria lingua.*

14. Esercizi e test. *Gli esercizi, più che essere un semplice mezzo di controllo dell'avvenuto apprendimento della materia trattata, rappresentano qui, insieme ai modelli ed alle strutture proposti, lo strumento didattico principale per l'apprendimento stesso. La loro difficoltà è graduata e non vi compaiono* mai parole sconosciute, *per cui lo studente può concentrare l'attenzione esclusivamente sulle strutture nuove da esercitare.*

Non abbiamo proposto qui molte esercitazioni con modelli (pattern-drills), alle quali peraltro è stato dato uno spazio maggiore nella parte riservata al laboratorio linguistico, poiché, come osservano alcuni critici a proposito del metodo audio-orale che di tale tipo di esercizi fa ampio uso (Rivers, 1967; Debyser, 1970), i pattern-drills, essendo troppo rigidamente guidati, non permettono al discente di acquisire l'abilità di formulare autonomamente un pensiero.

Fanno parte degli esercizi anche una ventina di test «a catena» che, oltre a riflettere gli argomenti nuovi, ripropongono tutti gli errori che di solito si verificano con maggiore frequenza in ciascuno dei test precedenti. Tali test, insieme agli esercizi, se eseguiti senza esitazione, forniscono una prova attendibile dell'avvenuta comprensione dei fatti grammaticali. Sia gli esercizi che i test sono corredati di chiave, il che facilita il lavoro individuale degli studenti.

15. Dialoghi, conversazioni e letture. *Senza avere la pretesa di sostituirsi ad un manuale di conversazione, i modelli da noi proposti riflettono le situazioni più frequenti, fornendone il lessico basico. In essi si è cercato di suggerire il modo di porre le domande, oltre che di dare le risposte.*

Alla fine di ciascun testo introduttivo, in cui sono incluse tutte le forme grammaticali oggetto di trattazione della lezione, viene proposta una serie di domande alle quali il discente è invitato a dare una risposta, servendosi di strutture già note.

Per uno stadio più avanzato dello studio sono previsti alcuni brani di autore corredati di commento linguistico.

16. Lingua viva e lingua letteraria. *Molti autori ritengono che la dignità di un manuale di lingua dipenda prevalentemente dalla cospicua presenza di esempi tratti dalla lingua letteraria. Non sono pochi i manuali in cui ancor oggi si abbinano già alle primissime lezioni brani di autorevoli rappresentanti della letteratura italiana, quali Dante, Manzoni, Carducci, ecc..Se è vero che per entrare nello spirito della vita italiana d'oggi non è sufficiente leggere ciò che è rappresentativo della cultura del passato, si deve tuttavia tenere conto che non basterebbe soffermarsi esclusivamente sui suoi aspetti più attuali, sia nella sfera della vita quotidiana che nella sfera della cultura intesa in senso stretto.*

A nostro avviso il problema non è se insegnare la lingua viva o la lingua letteraria. La questione dell'insegnamento dell'italiano letterario a stranieri *si pone in termini di tempo: a quale tappa dello studio proporlo? La nostra scelta si può riassumere come segue: 1) Insegnare prima di tutto la lingua viva, della comunicazione orale e scritta d'uso quotidiano, con prevalenza della lingua parlata su quella scritta. 2) Proporre la lingua letteraria ad uno stadio più avanzato dello studio per due ordini di motivi: a) Presentando anzi tempo brani letterari, oltre a non consentire allo studente d'impa-*

XIII

dronirsi delle strutture essenziali della lingua viva, non gli si permette neppure di apprezzare la bellezza della lingua letteraria, dovendo egli necessariamente ricorrere alla traduzione per capire il senso. b) *Accanto a coloro che desiderano conoscere la letteratura italiana, c'è un numero, sicuramente maggiore, di persone che vogliono conoscere i diversi aspetti della vita italiana e che possono quindi raggiungere tale scopo attraverso la lingua che la gente parla, la lingua dei giornali, della televisione, ecc.. Difficilmente una persona normale sarebbe in grado d'imparare la lingua letteraria prima di quella viva.* d) *Ci sono altre persone che si accostano all'italiano per scopi di carattere ancora più pratico, per lavoro, ecc.*

17. Insegnamento delle lingue e cultura. *Il termine «cultura» viene solitamente inteso nell'accezione di bagaglio di nozioni di letteratura, arte, scienza, che portano all'arricchimento intellettuale di chi le possiede.*

Riferito all'insegnamento delle lingue, il termine «cultura» assume un'altra connotazione e sta ad indicare l'insieme delle norme di comportamento di un gruppo sociale, il modo di vivere dei suoi componenti. Essendo la lingua l'elemento più tipico di ogni cultura, ne consegue che la mediazione dei fatti linguistici non può prescindere da questa. A conforto di questa tesi si potrebbe citare l'esperienza del grande antropologo polacco Malinowski, il quale confessava che ogni qualvolta si accingeva a studiare il modo di vivere di un determinato gruppo etnico non gli riusciva d'imparare la lingua se non s'inseriva nella vita dei suoi componenti, pescando, cacciando, mangiando con loro.

Spesso i compilatori di sussidi didattici e gli insegnanti perdono di vista un fattore di grande importanza, vale a dire che l'acquisizione delle abilità orali e grafiche non sempre coincide con la padronanza e l'uso appropriato della lingua. Raggiungere questi ultimi obiettivi significa, fra l'altro, arrivare a conoscere perfettamente le situazioni in cui si collocano determinati atti linguistici.

Nel presente manuale abbiamo cercato, perciò, di proporre modelli di lingua in stretta correlazione con modelli di comportamento dei parlanti nativi, di modo che gli studenti potessero apprendere la lingua insieme alla cultura italiana. Ciò in ossequio all'affermazione di CH. C. Fries (1955): «*...lo studio della cultura e della vita di un popolo non è affatto un'aggiunta che si fa ad un corso pratico di lingua, qualcosa di separato e di estraneo al suo fine primario che può accompagnarvisi o meno a seconda delle difficoltà di tempo e delle circostanze. Tale studio è una caratteristica essenziale di ogni livello di apprendimento linguistico».*

Il presente manuale è corredato di Note Didattiche, pubblicate a parte, in cui vengono motivate le diverse scelte metodologiche e passati in rassegna i singoli stadi dell'intero processo didattico.

   Base teorica del presente Corso è La Lingua Italiana per Stranieri *(Corso Medio e Corso Superiore) di Katerin Katerinov.*

XIV

Gli autori saranno grati a quei colleghi che vorranno contribuire, come nelle precedenti edizioni, con suggerimenti e consigli al perfezionamento di quest'opera che loro stessi
considerano suscettibile di continuo rinnovamento.

Gli autori

Operazioni didattiche

1. È un libro.

2. **Il** libro è rosso.

3. Sono due libri.

4. **I** libri sono rossi.

5. È un fiore.

6. **Il** fiore è giallo.

7. Sono due fiori.

8. **I** fiori sono gialli.

9. È una penna.

10. **La** penna è gialla.

11. Sono due penne.

12. **Le** penne sono gialle.

Lessico nuovo: essere (è, sono) - un (una) - libro - il (i, la, le) - rosso - due - fiore - giallo - penna.
Termini tecnici: unità - introduttivo - operazione - didattico.

Operazioni didattiche

13. È una cornice.

14. La cornice è rossa.

15. Sono due cornici.

16. Le cornici sono rosse.

ATTENZIONE!

17. **Singolare**	**Plurale**
il libro	i libri
il fiore	i fiori
la cornice	le cornici
la penna	le penne

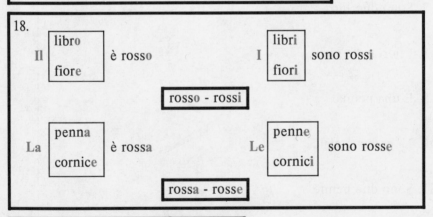

18.

Il [libro / fiore] è rosso   I [libri / fiori] sono rossi

rosso - rossi

La [penna / cornice] è rossa   Le [penne / cornici] sono rosse

rossa - rosse

19. Il libro e la cornice
    Il fiore e la penna   } sono rossi

20. Il vestito è verde.

21. I vestiti sono verdi.

Lessico nuovo: cornice - attenzione - e - vestito - verde.
Termini tecnici: singolare - plurale.

Operazioni didattiche

22. La gonna è verde.

23. Le gonne sono verdi.

24.

Il vestito		I vestiti	
	è verde		sono verdi
La gonna		Le gonne	

verde - verdi

25.

il libro   *maschile*
i libri

la penna   *femminile*
le penne

MASCHILE   FEMMINILE

Franco   Franca

Franco ha i pantaloni blu.   Franca ha il vestito blu.

Lessico nuovo: gonna - avere (ha) - pantaloni - blu.
Termini tecnici: maschile - femminile.

Operazioni didattiche

MASCHILE o FEMMINILE?

il o la?

i o le?

26. .... letto

27. .... casa

28. .... letti

29. .... case

30. .... padre

31. .... madre

32. .... giornale

33. .... chiave

34. .... padri

35. .... madri

36. .... giornali

37. .... chiavi

Lessico nuovo: o - letto - casa - padre - madre - giornale - chiave.

Operazioni didattiche

38. Questo è un quaderno.

39. Questa è una matita.

40. Questi sono i quaderni.

41. Queste sono le matite.

42. Che cosa **è**?

        È il libro
          il fiore
          la penna
          la chiave

43. Che cosa **sono**?

        Sono i libri
          i fiori
          le penne
          le chiavi

44. Questo è un libro?
    Sì, è un libro.

45. Questa è una chiave?
    Sì, è una chiave.

46. Questo è un libro?
    No, non è un libro, ma una chiave.

47. Questi sono libri?
    No, non sono libri, ma chiavi.

48.

```
┌─────────┐
│  NO!    │
└─────────┘

┌──────────────────┐
│ NON è ........    │
│ NON sono ........ │
└──────────────────┘
```

Lessico nuovo: questo - quaderno - matita - che - cosa - sì - no - non - ma.

Operazioni didattiche

49.

quello lì
(là)

questo qui
(qua)

50.

Quella casa è lontana.

Questa casa è vicina.

51.

Franco
è piccolo.

Il signor
Bianchi
è grande.

Franca
è piccola.

52. Chi è?

È Guido.

53. Chi è?

È Gabriella.

54. Chi sono?   Sono Pietro e Guido.
                Pietro e Franca.
                Guido e Gabriella.
                Clara e Rita.

Fate il I test.

Lessico nuovo: quello - lì - là - qui - qua - lontano - vicino - piccolo - signore (signor) - grande - chi - fare.
Termini tecnici: test.

Operazioni didattiche

55. io

tu, Gianni!
Laura!

Lei  Lei, signore!
signora!

noi

56. Di chi è questo libro? È Suo, signore?
No, non è mio, è di Pietro.

57. Di chi è questa penna? È Sua, signore?
No, non è mia, è di Maria.

58. Di chi sono questi libri? Sono Suoi, signore?
Sì, sono miei.

59. Di chi sono queste chiavi? Sono Sue, signore?
Sì, sono mie.

60. Il tuo libro è questo, Laura?
No, il mio è quello lì.

61. La tua penna è questa, Gianni?
No, la mia è quella lì.

62. I tuoi libri sono questi, Laura?
No, i miei sono quelli lì.

Lessico nuovo: io - tu - Lei - signora - noi - di - suo - mio - tuo.

Operazioni didattiche

63. Le tue chiavi sono queste, Gianni?
    No, le mie sono quelle lì.

64.
    – Tu, Franco, **hai** la macchina?
    – Sì, **ho** una Fiat.
    – Lei, signor Bianchi, che macchina **ha**?
    – Ho una Alfa Romeo.
    – E voi che macchina **avete**?
    – Noi **abbiamo** una Lancia e loro **hanno** una Ritmo.

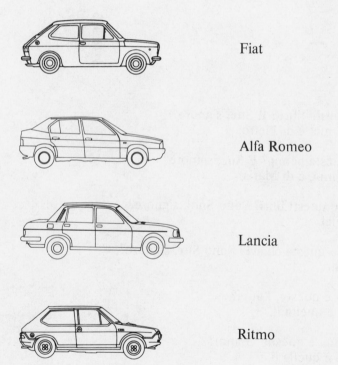

Fiat

Alfa Romeo

Lancia

Ritmo

Lessico nuovo: macchina - voi - loro.

Operazioni didattiche

65.

Lessico nuovo: nostro - vostro - loro (agg. poss.).

Operazioni didattiche

66. Che cosa c'è nella nostra classe?

C'è un armadio.

C'è una lavagna.

C'è una lampada.

C'è una porta.

C'è una finestra.

C'è una sedia.

Ci sono i banchi.

Ci sono molti studenti.

    molti   pochi

 Lessico nuovo: ci (esserci: c'è, ci sono) - in (nella = in + la) - classe - armadio - lavagna - lampada - porta - finestra - sedia - banco - molto - studente - poco.

Operazioni didattiche

67. Lei è italiano?
    No, sono straniero. Sono tedesco.
    Di dove è?
    Sono di Monaco.

68. Lei è italiana, signorina?
    No, sono tedesca.
    Di dove è?
    Sono di Colonia.

69. Chi è John Wilson? È un professore?
    No, è uno studente americano.
    Di dove è?
    È di Boston.

> un professore
> uno studente

70. Chi è Mary?
    È una studentessa americana.
    Di dove è?
    È di New York.

71. Chi è John?
    È un americano.
    Chi è Mary?
    È un'americana.

> un americano
> un'americana

72. Chi è Pierre?
    È un francese.
    Chi è Claudine?
    È una francese.
    Di dove sono Pierre e Claudine?
    Sono di Parigi.

> un francese
> una francese

73. Chi è Klaus?
    È uno svizzero.
    Chi è Greta?
    È una svizzera.
    Di dove sono Klaus e Greta?
    Sono di Zurigo.

> uno svizzero
> una svizzera

74. L'amico di Hans è tedesco o svizzero?
    È tedesco.
    E l'amica?
    Anche lei è tedesca.

> l' amico
> amica

Lessico nuovo: italiano - straniero - tedesco - dove - signorina - professore - americano - francese - svizzero - amico - anche.

Operazioni didattiche

75. Chi è Herbert?
    È lo studente tedesco.
    E chi è Mary?
    È la studentessa americana.

> lo studente
> la studentessa

76. Sono molti gli studenti americani nella Sua classe?
    Sì, sono molti.
    Anche gli spagnoli sono molti?
    No, gli spagnoli non sono molti.

77.   **ARTICOLO DETERMINATIVO**

IL - LO - L': MASCHILE SINGOLARE

	tedesco				americano
	libro		svizzero		olandese
il	giornale	lo	spagnolo	l'	italiano
	letto		studente		amico

I – GLI: MASCHILE PLURALE

	francesi				americani
	tedeschi		svizzeri		olandesi
i	libri	gli	spagnoli	gli	italiani
	giornali		studenti		amici
	letti				

LA – L': FEMMINILE SINGOLARE

	francese		
	tedesca		americana
la	svizzera	l'	olandese
	spagnola		italiana
	chiave		amica
	finestra		

LE: FEMMINILE PLURALE

	francesi		
	tedesche		americane
	svizzere		olandesi
le	spagnole	le	italiane
	chiavi		amiche
	finestre		

Lessico nuovo: spagnolo - olandese.
Termini tecnici: articolo - determinativo.

Operazioni didattiche

78.   ARTICOLO INDETERMINATIVO

UN – UNO: MASCHILE SINGOLARE

	americano		
	olandese		
	amico		svizzero
un	francese	uno	spagnolo
	tedesco		studente
	libro		
	giornale		

UN' – UNA: FEMMINILE SINGOLARE

	francese		
	tedesca		americana
una	svizzera	un'	olandese
	chiave		italiana
	finestra		amica

	svizzero			svizzero
uno	spagnolo		lo	spagnolo
	studente			studente

79.
articolo	nome	preposizione	nome	verbo	aggettivo
Il	vestito	di	Rita	è	nero.
La	lezione	di	spagnolo	è	facile.
L'	esercizio	di	francese	è	difficile.
L'	amica	di	Franco	è	bella.
La	macchina	di	Pietro	è	grande.
I	libri	di	Carla	sono	nuovi.
I	giornali	di	Mario	sono	vecchi.
Gli	amici	di	Franco	sono	americani.
Le	chiavi	di	casa	sono	piccole.

Fate il II test.

Lessico nuovo: nero - lezione - facile - esercizio - difficile - bello - nuovo - vecchio - nome - a - punto - conoscere - parola.
Termini tecnici: indeterminativo - preposizione - verbo - aggettivo.

A questo punto
Lei conosce 100 parole italiane

+ 15 termini tecnici

tredici/**13**

COME SI DICE E COME SI SCRIVE

A. Esercizio di pronuncia

1. *Vocali*

"a" Carla ha una casa grande. L'amica di Maria non è italiana, è americana.

"e" Le penne sono verdi. Quella cornice è bella.

"i" Abbiamo pochi amici.

"o" La gonna di Sonia è rossa.

"u" Ugo è uno studente.

2. *Dittonghi* (ia - ei - oi - io - ua - ue - ui - uo)

Sei di qui?

Lei è francese?

Il tuo quaderno è qui.

Questo vestito è nuovo, quello là è vecchio.

Sono Suoi questi libri?

Noi siamo spagnoli, e voi?

3. *Le consonanti "l" e "r"*

La porta è grande.

Quelli sono il padre e la madre di Carla.

Queste parole sono difficili.

È un giornale americano.

4. *Doppie consonanti* ("cc", "ff", "ll", "nn", "mm", "ss", "tt")

Questa classe è bella.

Il mio letto è piccolo.

Gianni ha una macchina vecchia.

L'esercizio è difficile.

Mary è una studentessa americana.

Hai una penna rossa?

Penna è una parola femminile.

Gemma ha una gonna gialla.

Lessico nuovo: come - dire (si dice) - scrivere - pronuncia - doppio.
Termini tecnici: vocale - dittongo - consonante.

5. "C" e "G" ("ca", "che", "chi", "ga", "go")

Franca è amica di Carla.

Questa gonna è di Gabriella.

Franz e Hans non sono tedeschi, ma svizzeri.

Nella nostra classe i banchi sono vecchi.

Chiara ha molte amiche.

6. "Č" e "Ǧ" ("ce", "ci", "gia", "gio")

Avete una cornice gialla?

L'esercizio di francese è facile.

Questi giornali sono dei miei amici.

7. "ci" / "chi" e "ce" / "che"

Chi sono Hans e Franz? Sono amici di Chiara.

Nella classe ci sono pochi banchi.

Le amiche di Vincenzo sono francesi.

La macchina è qui vicino.

8. "GN"

Il signor Mignini è di Bologna.

Quella signorina è spagnola.

La lavagna è vicino alla porta.

Lessico nuovo: –

B. Esercizio di intonazione

Bella questa macchina! È tua?

Sì, è mia.

È difficile questo esercizio?

No, è molto facile.

Hans non è svizzero? No, è tedesco.

La casa di Carla è grande.

La casa di Carla è grande?

La casa di Carla è grande!

La casa di Carla non è grande.

La casa di Carla non è grande?

Termini tecnici: intonazione.

A questo punto Lei conosce
105 parole italiane

I *Se permette, mi presento*

Mi chiamo Jean Duvivier e sono un ragazzo francese. Vivo a Marsiglia, dove lavoro in un ufficio commerciale.

Ora sono in Italia per imparare l'italiano, una lingua utile per il mio lavoro.

Abito in una pensione del centro e dalla finestra della mia camera vedo la piazza principale della città; spesso guardo la gente che passa.

Per la pensione pago tanto, perciò cerco un appartamento in affitto a buon mercato.

Studio all'università e seguo un corso elementare. Quando la lezione finisce, torno a casa con una ragazza inglese e parliamo un po' in italiano.

Lessico nuovo: primo - numero - se - permette - presentarsi - chiamarsi - ragazzo - vivere - lavorare - ufficio - commerciale - ora (avv.) - per - imparare - lingua - utile - lavoro - abitare - pensione - centro - da (dalla = da+la) - camera - vedere - piazza - principale - città - spesso - guardare - gente - che (pr. rel.) - passare - pagare - tanto - perciò - cercare - appartamento - affitto - buono - mercato - studiare - università - seguire - corso - elementare - quando - finire - tornare - con - inglese - parlare - un po' (un poco, avv.).

Termini tecnici: presente - indicativo - coniugazione.

II   *Test*

	Vero	Falso
1. Jean vive in Italia	☐	☐
2. Jean lavora in un ufficio commerciale	☐	☐
3. L'italiano è utile per il lavoro di Jean	☐	☐
4. Jean abita in un piccolo appartamento	☐	☐
5. Jean torna a casa con una ragazza francese	☐	☐

III   *Ora ripetiamo insieme:*

- Sono in Italia per imparare l'italiano.

- L'italiano è utile per il mio lavoro.

- Abito in una piccola pensione del centro.

- Dalla finestra della mia camera vedo la piazza principale.

- Per la pensione pago tanto.

- All'università seguo un corso elementare.

IV   *Rispondete alle seguenti domande:*

1. Di dove è Jean?
2. Che cosa studia in Italia?
3. Che cosa vede dalla finestra della camera?
4. Perché cerca un appartamento?
5. Quale corso segue all'università?
6. Che cosa fa quando finisce la lezione?

Lessico nuovo: vero - falso - ripetere - insieme - rispondere - seguente - domanda - perché - quale.

V

A. guardare (-ARE)

Mario *guarda* sempre la televisione.   Mario e Paolo *guardano* la televisione.

Lei *guarda* la televisione?   Sì, *guardo* spesso la televisione.

Tu *guardi* la televisione?   No, *non guardo* mai la televisione.

Voi *guardate* la televisione?   Sì, *guardiamo* la televisione mentre mangiamo.

B. vivere (-ERE)

Io *vivo* in Francia; e tu dove *vivi?*

Io *vivo* a Vienna con i miei genitori; e Lei dove *vive*, signora?

Mario *vive* a Perugia. Franco e Paolo *vivono* a Roma.

Noi *viviamo* a Firenze; e voi dove *vivete?*

C. aprire (-IRE)

Paolo *apre* la finestra.   Franco e Roberto *aprono* la porta.

A che ora *apre* la libreria?   Tutti i negozi *aprono* alle nove.

Gianni, perché *apri* la porta?   *Apro* la porta perché fa caldo.

Perché *aprite* la finestra?   *Apriamo* la finestra per vedere la gente che passa.

D. finire (-IRE)

– Mario *finisce* di studiare quest'anno?

– No, lui *finisce* fra due anni.

– Anche Franco e Roberto *finiscono* fra due anni?

– No, loro *finiscono* quest'anno.

– E, Lei, signorina, quando *finisce* di studiare?

– Anch'io *finisco* quest'anno.

– Carlo, a che ora *finisci* di studiare oggi? Alle sei.

– E voi a che ora *finite? Finiamo* alle tre.

Lessico nuovo: sempre - televisione - mai - mentre - mangiare - genitore - aprire - ora (s.) - libreria - tutto - negozio - caldo - anno - lui - fra (= tra) - oggi.

E. Altri verbi.

in *-ARE*

Domando a Marco se ha le chiavi di casa.   (domand*are*)

Il professor Martini *insegna* all'università.   (insegn*are*)

Luisa e Carlos *parlano* la lingua italiana.   (parl*are*)

Voi non *ricordate* l'indirizzo di Mario?   (ricord*are*)

A Sandro che cosa *compriamo?* Un orologio.   (compr*are*)

Io *viaggio* volentieri in treno.   (viaggi*are*)

Carla *mangia* sempre in bianco.   (mangi*are*)

in *-ERE*

Paul e Mary *conoscono* già l'italiano.   (conosc*ere*)

Mario *chiede* a Carlo dov'è la mensa.   (chied*ere*)

Voi *leggete* il giornale ogni giorno?   (legg*ere*)

Io *rispondo* sempre alle lettere.   (rispond*ere*)

Giulio, *prendi* tu la borsa?   (prend*ere*)

in *-IRE*

Noi *sentiamo* troppo caldo, perciò apriamo la finestra.   (sent*ire*)

Gli amici di Carlo *partono* alle tre da Roma.   (part*ire*)

Io *dormo* poco.   (dorm*ire*)

Chi mi *offre* una sigaretta?   (offr*ire*)

Quando *partite* per Milano?   (part*ire*)

Capite l'italiano?   (cap*ire*)

Noi *capiamo* bene se parlate lentamente.   (cap*ire*)

Preferisci un tè o un altro caffè?   (prefer*ire*)

Mario e Teresa *preferiscono* mangiare al ristorante.   (prefer*ire*)

Lessico nuovo: altro - domandare - insegnare - ricordare - indirizzo - comprare - orologio - viaggiare - volentieri - treno - bianco - già - chiedere - mensa - leggere - ogni - giorno - lettera - prendere - borsa - sentire - troppo - partire - dormire - mi (= a me) - offrire - sigaretta - capire - bene - lentamente - preferire - tè - caffè - ristorante.

	I. -ARE	II. -ERE	III. -IRE	
	guardare	vivere	aprire	finire
io	guardo	vivo	apro	finisco
tu	guardi	vivi	apri	finisci
lui lei Lei	guarda la TV	vive in Italia	apre la porta	finisce di lavorare
noi	guardiamo	viviamo	apriamo	finiamo
voi	guardate	vivete	aprite	finite
loro	guardano	vivono	aprono	finiscono

-ARE (parlare)	-CARE (cercare)	-GARE (pagare)
parlo francese	cerco una casa	pago troppo
parli francese?	cerchi una casa?	paghi troppo?
parla francese?	cerca una casa?	paga troppo
parliamo francese	cerchiamo una casa	paghiamo troppo
parlate francese?	cercate una casa?	pagate troppo?
parlano francese?	cercano una casa	pagano troppo

	essere	
io	sono	italiano
tu	sei	tedesco?
lui lei Lei	è	francese?
noi	siamo	svizzeri
voi	siete	spagnoli?
loro	sono	americani

	avere	
	ho	
	hai	
	ha	fame
	abbiamo	
	avete	
	hanno	

Lessico nuovo: fame.

VI

1. Completate le seguenti frasi:

> Io guardo la televisione. Noi *guardiamo* la televisione.

1. Noi viviamo in Italia. — Io .... in Francia.
2. Io apro la porta. — Noi .... la porta.
3. Io finisco alle tre. — Lei .... alle due.
4. Lui vive a Vienna. — Loro .... a Londra.
5. Loro finiscono all'una. — Noi .... alle due.
6. Lei vive qui vicino. — Voi .... lontano?
7. Loro guardano spesso la televisione. — Tu .... spesso la televisione?
8. Dove preferite mangiare? — Noi .... mangiare al ristorante.
9. Apri tu la porta? — .... voi la porta?
10. Io viaggio volentieri in macchina. — Tu .... volentieri in treno?

2. Come sopra:

1. Quando finisci di studiare? — .... alle quattro.
2. Noi partiamo oggi. — Voi quando ....?
3. Vede spesso Paolo, signora? — No, ... spesso Carlo, ma non Paolo.
4. Io insegno all'università. — Lei dove ....?
5. Tu leggi il giornale? — Sì, ... il giornale tutti i giorni.
6. Lei, signorina, parla francese? — No, non .... francese.
7. Franco e Carlo mangiano al ristorante. — E voi dove ....?
8. Io prendo un caffè. — Tu che cosa ....?
9. Capite quando parlo italiano? — Sì, ... se parla lentamente.
10. Io vivo a Venezia. — E voi dove ....?

Lessico nuovo: completare - frase - sopra.

3. Sostituite l'infinito con il verbo al presente indicativo:

> (cercare) Mario, *cerchi* il libro?

1. (pagare)   Paolo .... tanto per la camera.
2. (non capire)   Signora, che cosa ....?
3. (finire)   Io .... di studiare alle tre.
4. (pagare)   No, oggi non .... tu, ... noi!
5. (cercare)   Elisa .... la chiave di casa.
6. (cercare)   Noi .... una casa grande.
7. (preferire)   Io .... leggere un giornale italiano.
8. (finire)   Bruno e Carlo .... di lavorare alle otto.
9. (cercare)   Tu perché .... Mario?
10. (pagare)   Per questa casa tu .... troppo!

4. Completate le seguenti frasi secondo il modello:

> Chiedete ad un amico dove vive.
> Dove vivi?

1. Chiedete ad un amico dove vive.

....

2. Chiedete ad un amico quando finisce di studiare.

....

3. Chiedete ad un amico quando guarda la televisione.

....

4. Chiedete ad un amico che cosa vede dalla finestra.

....

5. Chiedete ad un amico quando parte.

....

6. Chiedete ad un amico che cosa studia.

....

7. Chiedete ad un amico perché non risponde alle lettere.

....

Lessico nuovo: sostituire - secondo (prep.) - modello.
Termini tecnici: infinito.

5. Come sopra:

> Chiedete ad un amico se paga tanto.
> Paghi tanto?

1. Chiedete ad un amico se paga tanto.

....

2. Chiedete ad un amico se guarda spesso la televisione.

....

3. Chiedete ad un amico se vede spesso Paolo.

....

4. Chiedete ad un amico se dalla finestra vede tutta la piazza.

....

5. Chiedete ad un amico se cerca un'altra casa.

....

6. Chiedete ad un amico se capisce l'italiano.

....

7. Chiedete ad un amico se sente caldo.

....

6. Completate le seguenti frasi:

Domanda

1. A che ora aprite oggi?
2. ....
3. Capisci quando la gente parla?
4. ....
5. Chi paga?
6. ....
7. Che cosa leggi?
8. ....
9. Signorina, quando finisce di studiare?
10. ....

Risposta

....

Vivo a Roma.

....

A casa guardo la televisione.

....

Non capisco la nuova lezione.

....

Sì, vediamo spesso Paolo e Carla.

....

Cerco il giornale.

Lessico nuovo: risposta.

VII

Enrico: – Ciao, Linda, come stai?

Linda : – Bene, grazie, e tu?

Enrico: – Non c'è male. Che fai stasera?

Linda : – Resto a casa: fra due giorni devo dare un esame.

Enrico: – Allora, buona fortuna!

A. Stare

Dare

Come *stai*, Piero?	Che esame *dai*, Piero?
Non *sto* molto bene: ho mal di denti.	*Do* l'esame di biologia. E tu?
Noi *stiamo* volentieri a Firenze.	Noi *diamo* l'esame di matematica la settimana prossima.
Gianni, invece, non ci *sta* volentieri.	Gianni, invece, *dà* l'esame di fisica.
Louis e Peter *stanno* da molto tempo in Italia.	Oggi Louis e Peter *danno* l'esame ed hanno tanta paura.
Voi da quanto tempo ci *state?*	Anche voi *date* l'esame oggi?

sto	do
stai	dai
sta bene	dà l'esame
stiamo	diamo
state	date
stanno	danno

Lessico nuovo: ciao - stare - grazie - male - stasera - restare - dovere (v.) - dare - esame - allora - fortuna - dente - invece - quanto - tempo - biologia - matematica - settimana - prossimo - fisica - paura.

B. Tradurre

Quando parli in italiano *traduci* dall'inglese?

Sì, ancora *traduco* dall'inglese.

Anche Gianni *traduce* ancora dall'inglese.

Pietro e Carla, invece, non *traducono*.

Noi *traduciamo* bene dal tedesco.

Anche voi *traducete* dal tedesco?

> traduco
> traduci
> traduce   dall'inglese
> traduciamo
> traducete
> traducono

VIII

1. Completate le seguenti frasi:

1. (stare)   Giovanna e Luisa .... bene in Francia.
2. (tradurre) Molti studenti .... dalla loro lingua.
3. (tradurre) Tu, Fred, quando parli in italiano .... dall'inglese?
4. (stare) .... a Roma da molti anni, signora?
5. (stare) Io .... volentieri con gli amici di Giorgio.
6. (tradurre) Io .... bene dal francese.
7. (restare) Che fate stasera? .... a casa.
8. (stare) Come ...., Sandro?
9. (restare) Voi quanto tempo .... in Italia?
10. (tradurre) Quando parliamo in italiano ancora .... dalla nostra lingua.

2. Completate il seguente testo:

Jean Duvivier.................... a Marsiglia, dove .... in un ufficio commerciale. Jean .... in una pensione del centro. Dalla finestra della sua camera .... la gente che .... Per la pensione .... tanto, perciò .... un appartamento in affitto.

Lessico nuovo: tradurre - ancora - testo.

IX

1. Conversazioni.

A. *LEI* (formale)   *TU* (confidenziale)

LEI (formale)	TU (confidenziale)
– Buongiorno!	– Buongiorno!
– Come sta, signor Rossi?	– Come stai, Pietro?
– Bene, grazie, e Lei?	– Bene, grazie, e tu?
– Non c'è male, grazie!	– Non c'è male, grazie!
– ArrivederLa!	– Ciao! (Arrivederci! Addio!)
– Come sta, signorina?	– Come stai, Carla?
– Oggi non sto molto bene.	– Oggi non sto molto bene.
– Che cosa ha?	– Che cosa hai?
– Ho mal di testa.	– Ho mal di testa.
– E Lei come sta, signora?	– E tu come stai, Paola?
– Anch'io non sto bene; ho mal di gola.	– Anch'io non sto bene; ho mal di gola.
– Mi dispiace!	– Mi dispiace!

> stare: come stai?   Non c'è male, grazie!
>   come sta?

> bene — male

Lessico nuovo: conversazione - formale - confidenziale - buongiorno - arrivederLa - arrivederci - addio - testa - gola - mi dispiace (dispiacere).

B. Due studenti stranieri in Italia.

Ivan :   Signorina, parla italiano?

Greta: No, non ancora.

Ivan :   Però capisce quando io parlo?

Greta: Sì, capisco un po', ma non tutto.

Ivan :   Che lingue parla?

Greta: Il tedesco, il russo e lo spagnolo. E Lei, quante lingue parla?

Ivan :   Parlo un po' il francese e l'inglese, ma preferisco parlare italiano.

Greta: Quando Lei parla italiano, pensa direttamente in italiano, senza tradurre dalla Sua lingua?

Ivan :   No, traduco ancora dalla mia lingua; è difficile pensare direttamente in una lingua straniera.

Greta: Per Lei l'italiano è una lingua facile o difficile?

Ivan :   Per me è abbastanza facile. Posso capire e dire quasi tutto in italiano.

> un po' = un poco

2. Completate il dialogo con le risposte di Jean:

Come ti chiami?

Jean: ....

Dove vivi?

Jean: ....

Perché sei in Italia?

Jean: ....

Dove abiti qui in Italia?

Jean: ....

Lessico nuovo: però - russo - pensare - direttamente - senza - abbastanza - potere (v.) - quasi - dialogo.

Che cosa vedi dalla finestra della tua camera?

Jean: ....

Paghi tanto per la camera?

Jean: ....

Dove studi?

Jean: ....

Cosa fai quando finisce la lezione?

Jean: ....

3. Rispondete alle seguenti domande:

- Come si chiama?

- Dove vive?

- Perché è in Italia?

- Dove abita qui in Italia?

- Paga tanto per la camera o l'appartamento?

- Dove studia?

- Cosa fa quando finisce la lezione?

4. Domandi al Suo compagno di banco:

- dove vive

- che cosa fa quando finisce di studiare

- quante lingue parla

- quale corso segue

Lessico nuovo: compagno.

5. Traducete nella vostra lingua il testo introduttivo "Se permette, mi presento"
   e ritraducete in italiano, confrontando, poi, con il testo originale.

X   *Test*

A. Completate le frasi con le parole mancanti:

1. Capisco bene se Lei parla ....
2. Devo tradurre queste frasi .... inglese .... italiano.
3. Come stai, Franco? Non .... male, grazie.
4. È difficile pensare .... in una lingua straniera.
5. Capisco ...., ma non tutto.

B. Completate le parole con le lettere mancanti:

1. Mario pag .... tanto e ora cerc............. un'altra casa.
2. Tutti i negozi apr............. all............. nove.
3. Lei, signorina, quando fin............. di studiare?
4. Quando tu parl............. in italiano, tradu............i dall'inglese?
5. Per Lei .... italiano è una lingua facil............. o difficil.............?

C. Mettete in ordine le seguenti parole:

1. la/tutta/Jean/dalla/vede/finestra/piazza/./
2. sta/come/signorina/?/molto/oggi/bene/non/sto/./
3. treno/volentieri/viaggio/in/./
4. al/mangiare/Mario/e/ristorante/preferiscono/Teresa/./
5. caldo/sentiamo/noi/la/perciò/finestra/apriamo/./,/

Lessico nuovo: ritradurre - confrontare - poi - originale - mancante (mancare) - mettere - ordine.

A questo punto Lei conosce
276 parole italiane

I *A sciare*

Carlo	:	Ciao, Roberto! Che programmi hai *per* domenica?
Roberto	:	Penso *di* andare *in* montagna.
Carlo	:	Dove?
Roberto	:	*Al* Terminillo.
Carlo	:	Vai *da* solo *o con* qualche amico?
Roberto	:	Vado *con* Luigi e Giorgio. Perché non vieni anche tu insieme a noi?
Carlo	:	Volentieri! Andiamo *in* macchina o *in* pullman?
Roberto	:	Forse *con* la macchina *di* Luigi.
Carlo	:	Che strada facciamo?
Roberto	:	Fino *a* Orte l'autostrada. Poi prendiamo la strada *per* Leonessa.
Carlo	:	*A* che ora pensate *di* partire?
Roberto	:	*Fra* le sette e le otto. Ti va bene?
Carlo	:	Sì, *per* me va bene.
Roberto	:	Allora *a* domani!

Lessico nuovo: secondo (agg.) - semplice - sciare - programma - domenica - andare - montagna - solo - qualche - venire - pullman - forse - strada - fino a - autostrada - ti (= a te) - domani.

Termini tecnici: moto - modale.

II   *Test*

	Vero	Falso
1. Roberto pensa di andare in montagna domenica	☐	☐
2. Roberto ci va da solo	☐	☐
3. Roberto e gli amici vanno in pullman	☐	☐
4. Roberto e gli amici partono fra le sette e le otto	☐	☐

III   *Ora ripetiamo insieme:*

- Che programmi hai per domenica?

- Penso di andare in montagna.

- Vai da solo o con qualche amico?

- Andiamo in macchina o in pullman?

- Forse con la macchina di Luigi.

- Prendiamo la strada per Leonessa.

- A che ora pensate di partire?

- Fra le sette e le otto.

IV   *Rispondete alle seguenti domande:*

1. Che programmi ha Roberto per domenica?
2. Roberto va da solo o con qualche amico?
3. Roberto ed i suoi amici vanno in macchina o in pullman?
4. A che ora pensano di partire Roberto e i suoi amici?

V

A. - Ogni pomeriggio andiamo *in* biblioteca *a* studiare.
    - Domani Luisa va *in* città *a* fare spese.
    - Il mese prossimo vado *in* Inghilterra.
    - Sono stanco: vado *a* letto presto stasera.
    - Vai *a* Roma domani?
    - I signori Bianchi vanno prima *a* cena e poi *a* teatro.
    - Vado *a* pranzo *da* Paolo: è il suo compleanno.
    - Andate *da* Luigi oggi pomeriggio?

Lessico nuovo: pomeriggio - biblioteca - spesa - mese - stanco - presto - prima - cena - teatro - pranzo - compleanno.

B. - Ogni giorno vengo *a* scuola *in* autobus.

- Nessuno *di* voi viene *a* Firenze *con* me?

- Se finite *di* studiare presto, venite *a* fare una passeggiata *in* centro?

- Anche Paola e Gino vengono *in* discoteca *con* noi.

- John viene *in* Italia ogni anno.

- *Di* solito il signor Dotti viene *in* ufficio *a* piedi.

- Viene *da* Milano questo treno? No, *da* Genova.

- Più tardi veniamo tutti *da* te!

ANDARE	
Vado	in montagna
Vai	in montagna?
Va	in montagna
Andiamo	in montagna
Andate	in montagna?
Vanno	in montagna

VENIRE	
Vengo	da Milano
Vieni	da Milano?
Viene	da Milano
Veniamo	da Milano
Venite	da Milano?
Vengono	da Milano

VI   *Completate le seguenti frasi secondo l'esempio:*

> (andare) Questo treno *va* direttamente a Bologna.

1. (venire) Oggi Giorgio .... a casa mia a studiare.

2. (voi-andare) .... in montagna domenica?

3. (venire) Da dove ...., signorina?

4. (venire) Io .... da Parigi. E tu da dove ....?

5. (andare) Noi .... a Firenze in macchina. Clara e Gianni .... in pullman.

6. (andare) Dove ...., signor Rolla?

7. (venire) Maria, ... in discoteca con noi, stasera?

8. (venire) Anche noi .... da Boston.

9. (andare) Io .... a mangiare alla mensa.

10. (andare) Carlo, ... in centro più tardi?

Lessico nuovo: scuola - autobus - nessuno - passeggiata - discoteca - solito - piede - più - tardi - esempio.

VII

A.

Claudia va

in	Germania, Inghilterra, ecc... biblioteca, discoteca, ecc... montagna, città, centro, ecc...
a	Bonn, Londra, ecc... letto, cena, teatro, ecc... fare spese, studiare piedi
da	Paolo, Luigi, ecc...

B.

Piero viene

in	Italia, Spagna, ecc... discoteca, ufficio, ecc...
a	Firenze, Madrid, ecc... scuola, casa, ecc... fare una passeggiata piedi
da	Milano, Barcellona, ecc... me, te, ecc...

Attenzione!

Piero | viene da / è di | Milano

Lessico nuovo: ecc. (eccetera).

VIII　　*Completate le seguenti frasi secondo l'esempio:*

> Carlo e Roberto vanno *in* montagna.

1. Andate _____ scuola _____ piedi?
2. Stasera andiamo _____ discoteca.
3. Di solito la domenica Carlo va _____ teatro.
4. Patrizia e Franco vengono _____ studiare _____ casa mia.
5. La signorina Giulia viene _____ Venezia.
6. Mary, quando vieni _____ Italia?
7. Domani vado _____ pranzo _____ Michele.
8. L'anno prossimo i signori Bellucci vanno _____ Spagna.
9. Oggi pomeriggio vengo _____ te.
10. Domani veniamo _____ ufficio _____ autobus.

IX

1.a. Marcello:　Oh! È tardi! Devo tornare a casa.

　　　　Alberto :　Non vuoi restare ancora un po'? Domani è domenica e puoi dormire fino a tardi.

　　　　Marcello:　Non posso, perché domani mattina presto devo partire per Firenze.

　　　　Alberto :　Allora, ciao! Ci vediamo quando torni.

1.b. Rispondete alle seguenti domande:

1. Che cosa dice Marcello?
2. Perché Marcello non può restare ancora?

2.a. *DOVERE*

Devi già partire, Carlo?	Sì, *devo* partire subito.
Dovete lavorare oggi?	Sì, *dobbiamo* lavorare anche oggi.
Ugo *deve* tornare a casa.	Anche Dina e Mauro *devono* tornare a casa.

Lessico nuovo: oh! - volere - mattina - subito.

2.b. *POTERE*

Puoi restare ancora?	Sì, *posso* restare ancora un po'.
Potete venire a casa mia oggi?	Sì, *possiamo* venire.
Domani Sandro *può* dormire fino a tardi.	Anche Luca e Fabio *possono* dormire fino a tardi.

2.c. *VOLERE*

Luisa, *vuoi* venire ad una festa domani?	E voi *volete* venire?
Stasera Carlo *vuole* studiare.	Anche Giovanna e Paola *vogliono* studiare.
Domani sera *voglio* andare a teatro.	Anche noi *vogliamo* andare a teatro domani.

DOVERE	POTERE	VOLERE	
Devo	Posso	Voglio	
Devi	Puoi	Vuoi	restare ancora un po'
Deve	Può	Vuole	partire subito
Dobbiamo	Possiamo	Vogliamo	dormire
Dovete	Potete	Volete	
Devono	Possono	Vogliono	

3. Completate le seguenti frasi secondo l'esempio:

> (Tu-volere) *Vuoi* venire a cena con me?

1. (voi-dovere) .... cercare un'altra casa?
2. (potere) Signorina, ... capire quando parliamo?
3. (voi-potere) Quanti giorni .... restare?
4. (noi-volere) Stasera .... vedere la televisione.
5. (io-dovere) .... lavorare fino a tardi.
6. (volere) Massimo e Gina .... fare una passeggiata.
7. (noi-dovere) .... studiare molto.
8. (io-non potere) .... prendere la macchina oggi.
9. (tu-volere) .... venire con noi?
10. (tu-potere) .... restare ancora un po'?

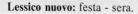

Lessico nuovo: festa - sera.

4. Formate delle domande secondo il modello:

> Chiedete a Carlo se va in montagna con gli amici.
> Vai in montagna con gli amici?

1. Chiedete a Carlo se va in montagna con gli amici.
....

2. Chiedete a Carlo se viene a Roma con voi.
....

3. Chiedete a Carlo se va a cena a casa.
....

4. Chiedete a Carlo se viene in discoteca stasera.
....

5. Chiedete a Carlo se deve partire domani mattina.
....

6. Chiedete a Carlo se vuole venire a teatro con voi.
....

7. Chiedete a Carlo se può venire in biblioteca.
....

8. Chiedete a Carlo se parte presto domani.
....

9. Chiedete a Carlo se va in Inghilterra a studiare.
....

10. Chiedete a Carlo se viene a Napoli quest'anno.
....

5. Osservate!

- *Torno* sempre volentieri *a Roma*.
- Karl è tedesco, ma *vive a Parigi*.
- Questo aereo *arriva a Milano a mezzogiorno*.
- Quando *ritornate in Italia*?
- Paola *abita a Firenze, in via Tornabuoni*.

Lessico nuovo: formare - osservare - aereo (s.) - arrivare - mezzogiorno - ritornare - via (s.)

- La signora Johnson *vive in America*.
- Carlo *arriva* stasera *in aereo da Francoforte*.
- *Ritorno da Verona* alla fine del mese.
- Mary *vive da Carla*.
- Domani *parto da Zurigo per Roma*.

6.

Franco	vive	a Parigi
	abita	in America / via Tornabuoni
	va	da Carla

Laura	arriva	a Parigi
	torna	in America
		da Carla
	viene	da Zurigo

Claudia	parte	da Zurigo
		per Roma / la Francia / la montagna
		in aereo / macchina / treno

ATTENZIONE!

Per esprimere la direzione:

	a	+	*nome di città*
andare	*in*	+	*nome di paese*
	da	+	*nome di persona*

			città
partire	*per*	+	nome di paese
			località

Lessico nuovo: fine (la f.) - esprimere - direzione - paese - persona - località.

7. Completate le seguenti frasi secondo l'esempio:

> Vivo volentieri *in* Italia.

1. Quando partite .... Parigi?
2. Marco, dove abiti? .... Perugia .... via Pellini.
3. Mary vive .... un'amica.
4. A che ora torni .... casa?
5. Laura arriva .... treno o .... aereo?
6. Viviamo .... Londra da due anni.
7. Arrivo ora .... Milano.
8. Giorgio e Sofia ritornano .... Grecia tra qualche giorno.
9. Jerry parte .... New Jork .... mezzogiorno.

8. Formate delle domande secondo il modello:

> Chiedete ai signori Rossi se vivono in città.
> Vivete in città?

1. Chiedete ai signori Rossi se vivono in città.
   ....

2. Chiedete ai signori Rossi se abitano a Milano.
   ....

3. Chiedete ai signori Rossi se tornano tardi stasera.
   ....

4. Chiedete ai signori Rossi se arrivano presto domani.
   ....

5. Chiedete ai signori Rossi se partono in macchina.
   ....

6. Chiedete ai signori Rossi se ritornano in treno.
   ....

7. Chiedete ai signori Rossi se vogliono tornare in Francia.
   ....

8. Chiedete ai signori Rossi se devono partire domani.
   ....

9. Chiedete ai signori Rossi se possono restare ancora un po'.
   ....

10. Chiedete ai signori Rossi se tornano a casa in autobus.
    ....

Lessico nuovo: –

9. Osserviamo ancora:

$\boxed{a}$

1. Devo *imparare a memoria* una poesia.
2. Voglio *battere a macchina* questa lettera.
3. Devo *scrivere a mano* questa lettera.
4. Il bar *di fronte a* casa mia è aperto anche di notte.
5. *Comincio a* studiare fra poco.
6. Se bevo troppo caffè *non riesco a* dormire.
7. È buio: *attenzione a* non cadere per le scale!
8. Vado *a fare* le cure termali *a* Ischia.
9. La porta è *chiusa a chiave.*

$\boxed{per}$

1. Studio l'italiano *per un mese.*
2. *Per me* tu sbagli.
3. Che strada fai *per andare* a casa?

$\boxed{fra}$ e $\boxed{tra}$

1. Torno *fra un momento.*
2. Pisa è *tra Firenze e Livorno.*

$\boxed{con}$

1. Dove vai *con questa pioggia?*
2. Ho un *appuntamento con Luigi.*
3. Mauro mangia sempre *con appetito.*

$\boxed{di}$

1. Questa macchina non è nuova; *è di seconda mano.*
2. Non trovo più *le chiavi di casa.*
3. Anche Gianni viene a ballare stasera? *Credo di no.*

Lessico nuovo: memoria - poesia - battere - mano - bar - di fronte a - aperto - notte - cominciare - bere - riuscire a - buio - cadere - scala - cura - termale - chiuso - sbagliare - momento - pioggia - appuntamento - appetito - trovare - ballare - credere.

da

1. È un *film da vedere;* è molto bello.
2. Prendi *qualcosa da bere?* Niente, grazie!
3. Preferisco *vivere da solo.*
4. Il televisore a colori è in *camera da letto.*

10. Completate le seguenti frasi:

1. Preferisco viaggiare .... giorno che .... notte.
2. La lezione finisce .... un'ora.
3. Mario va .... Oxford .... Inghilterra .... studiare l'inglese.
4. Andate .... casa .... pranzo?
5. Vivo .... questa casa .... un amico.
6. .... chi vai .... montagna? .... mio padre.
7. Oggi ho molto .... fare; non posso venire .... te.
8. Dove abita, signorina? .... Pisa .... via Mazzini.
9. Paola, andiamo .... fare una passeggiata .... centro?
10. Juan vive .... Madrid? Credo .... sì.

11.a. Alla stazione.

- Un biglietto di andata e ritorno per Ancona.
- Prima o seconda classe?
- Seconda.
- Quindicimilacinquecento lire.
- A che ora parte il treno?
- Alle dodici e quarantacinque.
- Da quale binario?
- Dal terzo.

Transito di Domodossola

B	Treni	220	324	422	226	322	326	22	328	326	224	222
Milano C.	p.		705	900	1005	1105	1235	1455	1500	1715	1905	2205
Milano Lambrate	p.	120		◆				◇				
Arona	p.		759	IC	1054	1201	1344	TEE	1555	1811	2002	2256
Stresa	p.		814	955	1113	1217	1410	—	1614	1827	2017	2314
Domodossola	a.	253	850	1022	1150	1250	1450	1622	1650	1900	2050	2350
Domodossola	p.	308	905	1032	1205	1305	1505	1632	1705	1915	2105	005
Briga	a.	338	937	1104	1237	1337	1537	1704	1737	1945	2137	039
Briga	p.		954	1112	1254	1354	1556		1754	1954	2154	
Interlaken	a.		1132		1432	1532	1732		1932	2177	2327	
Bern	a.		1134	1243	1434	1534	1734		1934	2134	2334	
Basel S.B.B.	a.		1429	1558	1708	1908		2108	2308			
Hamburg A.	a.		2309	2309								
Amsterdam	a.		2234						936			
Briga	p.	340	946	1107	1246	1346	1546	1707	1746	1957	2146	044
Montreux	a.	—	1104	—	1404	1504	1704	—	1904	2115	2304	—
Lousanne	a.	512	1126	1232	1426	1526	1726	1832	1926	2137	2326	222
Genève Corn.	a.	642	1208	1308	1528	1608	1809	1928	2008	2213	009	—
Paris Lyon	a.	1055			1950		2325				623	831
	Treni	221	223	225	321	1329	323	227	423	23	327	325
Paris Lyon	p.	1853	1925	2349				741		1230		
Genève Corn.	p.	2245	2345	547	745	845	1045	1156	1445	1626	1645	1845
Lousanne	p.	013	047	630	822	928	1128	1252	1522	1722	1728	1928
Montreux	p.	—	651	—	949	1149	1313	—	—	1749	1949	
Briga	a.	143	215	809	947	1108	1308	1432	1647	1847	1908	2108
Amsterdam	p.				1949							
Hamburg A.	p.	1245			3210							945
Basel S.B.B.	p.	2125		625	746	946	1056	1256	1552	1552	1721	1746
Bern	p.	2328		621	813	921	1121	1254	1421	1713	1721	1921
Interlaken	p.	2330		624	—	924	1124	—	1424	1634	1724	1927
Briga	a.	126		800	943	1100	1300	1430	1600	1843	1900	2100
Briga	p.	145	217	816	955	1117	1317	1441	1650	1850	1917	2117
Domodossola	a.	216	248	849	1027	1149	1349	1513	1722	1922	1949	2149
Domodossola	p.	231	303	904	1042	1205	1404	1526	1737	1932	2004	2204
Stresa	a.		934	1110	1236	1437	1555	1801		2034	2237	
Arona	a.		954	1129	1256	1456	1613	IC	TEE	2054	2257	
Milano Lambrate	a.	357	428	—	—	—	—	◆	◇	—		
Milano C.	a.	△	□	1055	1225	1355	1556	1700	1905	2100	2150	2355

□ Milano P. Garibaldi (prosegue per Venezia alle 4.53).

△ Per Venezia (p. 4.02).

◇ Cisalpin.

◆ Lemano.

Lessico nuovo: film - qualcosa - niente - televisore - colore - stazione - biglietto - andata - ritorno - lira - binario - terzo.

b. | Che ora è?

 Sono le dodici e quarantacinque.

 È l'una.

 È mezzogiorno (mezzanotte).

 Sono le sei e mezzo.

 Sono le otto e un quarto.

 Sono le nove meno cinque.
Mancano cinque minuti alle nove.

 Sono le cinque meno un quarto.
Manca un quarto alle cinque.

b.1. Rispondete alle domande:

Che ora è?

1. .... (6,15)
2. .... (9,30)
3. .... (5,35)
4. .... (7,45)
5. .... (12,15)

Lessico nuovo: mezzanotte - mezzo (agg.) - quarto (s.) - meno - minuto.

A che ora?

1. A che ora parte il treno per Milano? .... (16,25)
2. A che ora arriva il treno a Bologna? .... (18,40)
3. A che ora torna Gianni? .... (11,30)
4. A che ora finisce la lezione? .... (12,55)
5. A che ora aprono i negozi? .... (15,30)

12.

– Che tempo fa da voi?
– Fa bel tempo.
– Fa caldo?
– Abbastanza, ma non troppo.
– Da noi, invece, fa brutto tempo: fa freddo, piove e tira vento.

– Come è il tempo da voi?
– È bello.
– È caldo?
– Abbastanza, ma non troppo.
– Da noi, invece, il tempo è brutto: è freddo, piove e tira vento.

> *fa* bel tempo
> il tempo *è* bello

13. Conversazioni.

a. Bruno: Fabio, dove vai in vacanza quest'anno?
Fabio : Vorrei fare un giro in Sicilia.
Bruno: Da solo?
Fabio : No, in compagnia di amici.

b. Sergio : Franco, vieni in piscina con noi sabato pomeriggio?
Franco: Mi dispiace, ho già un impegno.

c. – Pronto, albergo "Bellavista"?
– Sì, dica!
– Vorrei prenotare una camera per domenica notte.
– Una singola?
– No, una matrimoniale.

Lessico nuovo: brutto - freddo - piovere - tirare - vento - vacanza - giro - compagnia - piscina - sabato - impegno - pronto - albergo - prenotare - singolo - matrimoniale.

d.

> Che giorno è oggi?
>
> È lunedì
>   martedì
>   mercoledì
>   giovedì
>   venerdì
>   sabato
>   domenica

14. Completate il seguente dialogo:

Carlo   : Ciao, Roberto! Che .... hai .... domenica?

Roberto: Penso di andare .... montagna.

Carlo   : Dove?

Roberto: Al Terminillo.

Carlo   : .... da solo o .... qualche amico?

Roberto: .... con Luigi e Giorgio. Perché non vieni .... tu?

Carlo   : Volentieri! .... in macchina o .... pullman?

Roberto: Forse .... la macchina .... Luigi.

Carlo   : .... strada facciamo?

Roberto: Fino .... Orte l'autostrada. Poi .... la strada .... Leonessa.

Carlo   : .... che ora pensate .... partire?

Roberto: .... le sette o le otto. Ti .... bene?

Carlo   : Sì, ... me va bene.

Roberto: Allora .... domani!

Lessico nuovo: lunedì - martedì - mercoledì - giovedì - venerdì.

15. Rispondete alle seguenti domande:

1. Lei che cosa fa, di solito, il sabato e la domenica?

2. Che programmi ha per domenica?

3. Preferisce viaggiare in macchina o in pullman?

4. Domandi al Suo compagno di banco come preferisce passare il sabato e la domenica.

5. Che cosa chiede ad un amico per sapere dove va in vacanza?

6. Lei è alla stazione e vuole prendere il treno per Ancona. Che cosa domanda?

X   *Test*

A. Completate il seguente testo con le parole mancanti:

Oh! È, ... ! Devo tornare .... casa!

Perché non .... ancora un po'? Domani è domenica e ....

dormire .... tardi.

Non posso, perché domani mattina .... devo partire .... Firenze.

Allora ciao! .... quando torni.

B. Completate le parole con le lettere mancanti:

1. Paola vien............ a scuola in autobus.

2. Se fini............i di studiare presto, ... eni a fare una passeggiata in centro?

3. Karl è te............esco, ma viv............ .... Parigi.

4. Clara e Gianni ....anno a Firenze; noi, invece, and............mo a Roma.

5. Noi d............iamo studiare ancora molto.

Lessico nuovo: sapere.

C. Mettete in ordine le seguenti parole:

1. oggi/a/biblioteca/pomeriggio/studiare/in/andiamo/./
2. noi/anche/Paola/vengono/in/Gino/e/con/discoteca/./
3. mezzogiorno/a/aereo/Milano/a/questo/arriva/./
4. troppo/se/caffè/bevo/a/non/dormire/riesco/./
5. sabato/con/piscina/pomeriggio/Franco/in/vieni/noi/?/

D. Traducete nella vostra lingua il dialogo "A sciare" e ritraducete in italiano, confrontando, poi, con il testo originale.

E. Fate il III test.

Lessico nuovo: –

A questo punto Lei conosce
399 parole italiane

I *Una serata al cinema*

Giuliana: Che facciamo stasera, Marco, usciamo?

Marco : Volentieri! Che ne dici di andare *al* cinema?

Giuliana: È una buona idea! Sai che film danno *al* "Lux"?

Marco : Un giallo di Dario Argento; *all'*"Imperiale", invece, c'è una commedia *all'*italiana con Alberto Sordi. Quale scegliamo?

Giuliana: Mah! Forse è meglio il secondo. Qual è il titolo?

Marco : "In viaggio con papà".

Giuliana: Ah, sì! So che è molto divertente. Chiediamo a Giorgio e Paola se vogliono venire con noi?

Marco : D'accordo, adesso telefono!

Giuliana: Sì, così facciamo in tempo *per lo* spettacolo *delle* dieci e mezzo.

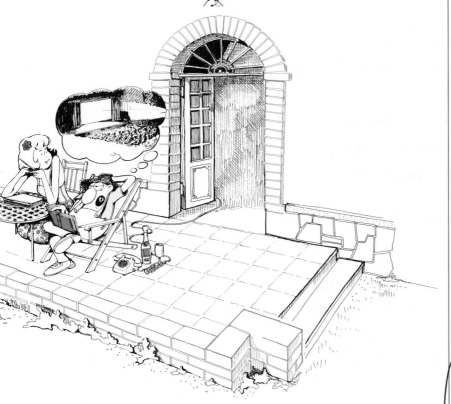

il presente di alcuni verbi irregolari – le preposizioni articolate – terza unità
gli interrogativi "che", "quale" (unità numero tre)

Lessico nuovo: alcuno - serata - cinema - uscire - ne - idea - commedia - scegliere - mah! - meglio - titolo - viaggio - papà - ah! - divertente - accordo adesso - telefonare - così - spettacolo.

Termini tecnici: irregolare - articolato - interrogativo.

II   Test

1. Giuliana e Marco vanno

- a | al ristorante
- b | a teatro
- c | al cinema

2. Giuliana e Marco vanno a vedere

- a | un giallo
- b | una commedia all'italiana
- c | un western

3. Giuliana e Marco vanno allo spettacolo

- a | delle dieci e mezzo
- b | delle sei e mezzo
- c | delle otto e mezzo

III   *Ora ripetiamo insieme:*

- Che facciamo stasera, usciamo?

- Che ne dici di andare al cinema?

- Sai che film danno al "Lux"?

- Quale scegliamo?

- So che è molto divertente.

- Chiediamo a Giorgio e Paola se vogliono venire con noi?

- D'accordo, adesso telefono!

IV   *Rispondete alle seguenti domande:*

1. Dove vogliono andare Marco e Giuliana?
2. Che film danno al "Lux"?
3. E all' "Imperiale" che film c'è?
4. Quale film scelgono Marco e Giuliana?
5. A chi telefona Marco?
6. A quale spettacolo vanno?

Lessico nuovo: -

V

A. FARE

   – Tu *fai* colazione a casa di solito?   No, di solito *faccio* colazione al bar.

   – Lucio *fa* sempre tardi la sera.   Anche noi qualche volta *facciamo* tardi.

   – Luca e Carla *fanno* molto sport.   E voi, *fate* qualche sport?

faccio
fai
fa   colazione al bar
facciamo
fate
fanno

B. SAPERE *Savoir*

   – Tu *sai* guidare?   Sì, *so* guidare ma non ho la macchina.

   – Gianni *sa* quattro lingue.   Noi, invece, *sappiamo* solo l'italiano.

   – Ragazzi, *sapete* il numero di telefono di Renzo?   No, ma Stefano e Cristina *sanno* dove abita.

so
sai
sa   guidare
sappiamo
sapete
sanno

C. USCIRE

   – Quando *esci?*   – *Esco* fra qualche minuto.

   – È vero che Elena *esce* con voi stasera?   – Sì, stasera *usciamo* insieme per andare ad una festa di compleanno.

   – I signori Valente *escono* di casa alle otto la mattina.   – E voi a che ora *uscite?*

esco
esci
esce
usciamo   alle otto
uscite
escono

Lessico nuovo: colazione - volta (qualche v.) - sport - guidare - telefono.

D. *DIRE*

Laura chiede se vogliamo andare al mare. Io *dico* di sì.

Paolo *dice* che fa troppo caldo per restare in città.

Le ragazze *dicono* che è troppo tardi per andare al mare.

E tu che cosa *dici*?

Anche noi *diciamo* che fa troppo caldo.

E voi, ragazzi, che cosa ne *dite*?

```
dico
dici
dice
diciamo        di sì
dite
dicono
```

E. *BERE*

Che cosa *bevi*, Pietro?

Jane *beve* solo tè.

I signori Gatti di solito *bevono* vino rosso.

Bevo un'aranciata, grazie!

Noi, invece, *beviamo* molta birra.

Anche voi *bevete* vino rosso?

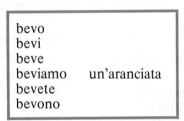

```
bevo
bevi
beve
beviamo        un'aranciata
bevete
bevono
```

Lessico nuovo: mare - aranciata - birra - vino.

F. *SCEGLIERE* to chose

Tu, Piero, che disco *scegli?*

Ada, invece, *sceglie* un disco di musica leggera.

Sergio e Bianca *scelgono* una cassetta di Mina.

Scelgo un disco di musica classica.

Noi *scegliamo* due cassette di musica folk.

Ragazzi, *scegliete* un disco anche voi?

scelgo	
scegli	
sceglie	
scegliamo	un disco
scegliete	
scelgono	

Signor Rossi :   - A che piano sale, signora?

Signora Mori: - Al terzo, e Lei?

Signor Rossi :   - Io vado al secondo. E Lei, signore?

Signor Pini :   - Salite pure, prego! Io rimango qui perché ho le valigie.

G. *SALIRE*

Sali con l'ascensore o a piedi?

Giulio, di solito, *sale* a piedi.

Pietro e Marco *salgono* sull'autobus.

Io *salgo* con l'ascensore.

Saliamo da Gianni o telefoniamo prima?

Voi non *salite* con noi?

salgo	
sali	
sale	
saliamo	con l'ascensore
salite	
salgono	

Lessico nuovo: disco - musica - classico - leggero - cassetta - piano (s.) - salire - pure - prego - rimanere - valigia - ascensore - su.

H. *RIMANERE*

Rimani in città o vai in campagna questo fine-settimana?

Rimango in città: ho un sacco di cose da fare.

La sera Bianca *rimane* quasi sempre a casa.

Anche noi *rimaniamo* spesso a casa ad ascoltare un po' di musica.

Alessio e Sofia *rimangono* in Italia per due mesi.

Voi per quanto tempo *rimanete?*

rimango	
rimani	
rimane	
rimaniamo	in città
rimanete	
rimangono	

VI

1. Completate le seguenti frasi secondo l'esempio:

(uscire) Giorgio e Maria *escono* sempre insieme.

1. (noi-fare)   Che cosa .... domani?
2. (sapere)   .... guidare, ma non ho la macchina.
3. (tu-dare)   È vero che domani .... una festa?
4. (bere)   Che cosa ...., signora: caffè o tè?
5. (dire)   Pietro .... che "Lo straniero" è un bel film.
6. (salire)   Renzo e Stefano sono stanchi: .... con l'ascensore.
7. (scegliere)   Stasera .... io il programma alla televisione!
8. (rimanere)   Ragazzi .... a casa o venite con noi?
9. (voi-fare)   .... spesso tardi la sera?
10. (tu-scegliere) .... un disco per Mario?

Lessico nuovo: campagna - fine-settimana - sacco (un s. di...) - ascoltare.

2. Come sopra:

> (tu fare) Di solito *fai* colazione a casa o al bar?

1. (io-dare)   Domani .... l'esame di fisica.
2. (dire)   Che ne ...., Giorgio, andiamo a teatro?
3. (tu-uscire)   A che ora .... di casa la mattina?
4. (voi-sapere)   .... a che ora comincia lo spettacolo?
5. (salire)   .... a piedi anche tu?
6. (io-rimanere)   .... volentieri a casa stasera.
7. (noi-bere)   .... qualcosa?
8. (noi-scegliere)   .... un disco di musica classica. E voi?
9. (noi-uscire)   Stasera non .... perché Mary sta male.
10. (sapere)   Carlo, tu .... scrivere a macchina?

3. Formate delle domande secondo il modello:

> Chiedete a Mario se sa guidare la macchina.
> Mario, sai guidare la macchina?

1. Chiedete a Mario se sa guidare la macchina.

   ....

2. Chiedete a Mario se beve un caffè.

   ....

3. Chiedete a Mario se esce spesso la sera.

   ....

4. Chiedete a Mario se sale a piedi.

   ....

5. Chiedete a Mario se dà l'esame di fisica domani.

   ....

Lessico nuovo: -

4. Come sopra:

> Chiedete al signor Rossi se sa dov'è il cinema "Lux".
> Signor Rossi, sa dov'è il cinema "Lux"?

1. Chiedete al signor Rossi se sa dov'è il cinema "Lux".

   ....

2. Chiedete al signor Rossi se viaggia spesso in treno.

   ....

3. Chiedete al signor Rossi se è qui da molto tempo.

   ....

4. Chiedete al signor Rossi se sale al terzo piano.

   ....

5. Chiedete al signor Rossi se fa qualche sport.

   ....

5. Come sopra:

> Chiedete ai signori Rossi che disco scelgono.
> Signori Rossi, che disco scegliete?

1. Chiedete ai signori Rossi che disco scelgono.

   ....

2. Chiedete ai signori Rossi che cosa bevono.

   ....

3. Chiedete ai signori Rossi quanto tempo rimangono qui.

   ....

4. Chiedete ai signori Rossi a che ora escono di casa la mattina.

   ....

5. Chiedete ai signori Rossi che cosa fanno stasera.

   ....

Lessico nuovo: -

VII

A. Osservate!

1. *Alle tre* andiamo *all'aeroporto* a prendere Luisa.
2. Prendo l'autobus due volte *al giorno.*
3. Preferisco il mare *alla montagna.*
4. Di solito lascio la macchina *davanti all'edicola.*

1. Mangiamo bene *nei ristoranti* italiani.
2. *Nella fabbrica* di mio zio lavorano molti giovani.
3. *Nelle biblioteche* non si può fumare.

1. Questa moto è *dell'amico* di Mario.
2. Nel bar *dell'università* ci sono sempre molti studenti.
3. In Italia molti operai *del Sud* vanno a lavorare al Nord.
4. Andiamo allo spettacolo *delle otto* o *delle dieci e mezzo?*

1. Dopo molti anni Franco torna *dagli Stati Uniti.*
2. Giorgio, puoi prendere quel libro *dallo scaffale,* per favore?
   Sì, subito!
3. Domani vado a pranzo *dal mio amico.*
4. La mia casa non è *lontana dal centro.*

1. Gianni e Piero arrivano *con il treno* delle cinque.
2. Vado al mare *con gli amici* di Carlo.
3. *Con il caldo* che fa in città è meglio andare al mare.
4. Roberto gioca *con il* gatto.

1. La finestra della mia camera dà *sulla strada.*
2. *Sulle spiagge* italiane ci sono molti turisti stranieri.
3. Signorina, è Suo quel libro *sul tavolo?*
4. *Sugli autobus* che vanno in centro è difficile trovare un posto a sedere.

1. *Per il concerto* di domani non ci sono più biglietti.
2. *Per la fretta* dimentico sempre le chiavi.
3. Passeggio volentieri *per le vie* del centro.
4. Forse facciamo in tempo *per lo spettacolo* delle sei.

1. Devo ricevere una telefonata da mio zio *fra le sei e le sette.*
2. *Fra gli amici* di Mario c'è un ragazzo spagnolo.
3. Finisco *fra un momento.*

Lessico nuovo: aeroporto - lasciare - davanti a - edicola - fabbrica - zio - giovane (s.) - fumare - moto (la m.) - operaio - sud - nord - dopo - scaffale - favore - giocare - gatto - spiaggia - turista - tavolo - posto - sedere - concerto - fretta - dimenticare - passeggiare - ricevere - telefonata.

B.

	il	lo	la	l'	i	gli	le
a	al	allo	alla	all'	ai	agli	alle
da	dal	dallo	dalla	dall'	dai	dagli	dalle
su	sul	sullo	sulla	sull'	sui	sugli	sulle
di	del	dello	della	dell'	dei	degli	delle
in	nel	nello	nella	nell'	nei	negli	nelle

C. Preposizioni semplici e articolate

1.

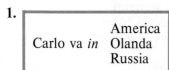

Carlo va *in*	America
	Olanda
	Russia

ma:

Carlo va	*negli*	Stati Uniti
	nei	Paesi Bassi
	nell'	Unione Sovietica

2. DOVE?

Paolo va *in*	banca
	chiesa
	biblioteca

◁ luogo non determinato

ma: *IN QUALE ...?*

luogo determinato ▷

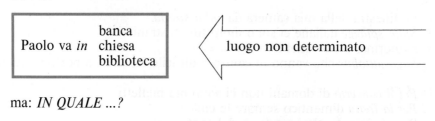

Paolo va	*alla* Banca d'Italia
	nella chiesa di S. Francesco
	nella biblioteca dell'università

Lessico nuovo: banca - chiesa - luogo - determinato - santo (s./san).

3.   *COME?*   *CON CHE MEZZO?*

– Veniamo   *in* treno   (o, *con il* treno)

– Vado   *in* macchina (o, *con la* macchina) | mezzo non determinato |

– Torniamo *in* autobus (o, *con l'*autobus)

ma soltanto:

| mezzo determinato | – Veniamo *con il* treno delle 9,15.

– Vado *con la* macchina di Luigi.

– Torniamo *con* l'autobus 28.

VIII

1. Completate le seguenti frasi con le preposizioni mancanti:

> Pietro viene *dalla* Spagna.

1. Preferisco il francese .... spagnolo.
2. Noi facciamo sempre colazione .... bar.
3. Perché non salite .... ascensore?
4. L'università non è lontana .... casa dove abito.
5. A che ora comincia il secondo spettacolo? .... dieci e mezzo.
6. Se cerchi le chiavi sono .... tavolo.
7. Vivo .... ragazzo americano che tu conosci.
8. Danno un bel film .... "Imperiale".
9. Jean parte .... Stati Uniti fra due giorni.
10. Lavoro .... ufficio di mio padre.

2. Come sopra:

1. Domani andiamo a Torino .... macchina di Luigi.
2. Franz e Cristina viaggiano volentieri .... autostrade italiane.
3. .... amici di Renata c'è anche una ragazza olandese.
4. Mangio spesso .... ristorante davanti a casa mia.
5. Non viaggio volentieri .... pioggia.
6. La finestra .... mia camera dà .... piazza.
7. Andate .... concerto, stasera?
8. Non posso vivere lontano .... mio paese.
9. Quei due ragazzi vengono .... Grecia.
10. .... città italiane preferisco Venezia.

Lessico nuovo: mezzo (s.) - soltanto.

IX

1. Completate il seguente dialogo:

Giuliana: Che .... stasera, Marco, usciamo?

Marco   : Volentieri! Che ne .... di andare .... cinema?

Giuliana: È una buona ....! Sai che film .... al "Lux"?

Marco   : Un giallo .... Dario Argento; .... "Imperiale", invece,
          c'è una commedia all'italiana con Alberto Sordi.
          Quale ....

Giuliana: Mah! Forse è meglio il secondo. Qual è il ....?

Marco   : "In viaggio con papà".

Giuliana: Ah, sì! .... che è molto divertente. .... a
          Giorgio e Paola se vogliono venire .... noi?

Marco   : ...., adesso telefono!

Giuliana: Sì, così facciamo .... tempo .... lo spettacolo
          .... dieci e mezzo.

2. Conversazioni.

- Pronto, teatro "Sistina"?
- Sì, dica pure!
- A che ora comincia lo spettacolo?
- Alle ventuno precise.
- Quanto dura?
- Tre ore circa.
- Grazie dell'informazione!

- Signorina, siamo un po' in ritardo. Possiamo entrare lo stesso?
- No, signore, non è più possibile. Deve aspettare l'intervallo fra il primo ed
  il secondo atto.

- Due biglietti, per piacere!
- Platea o galleria?
- Platea. Quant'è?
- Seimila lire.
- Ecco a Lei!
- È cominciato da molto il film?
- No, è appena all'inizio.

Lessico nuovo: preciso - durare - circa - informazione - ritardo - entrare - stesso - possibile -
aspettare - intervallo - atto - piacere (per p.) - platea - galleria - ecco - appena - inizio.

- Scusi, è libero questo posto qui?
- No, è occupato, mi dispiace.

- Scusi, sa dov'è la discoteca "L'altro mondo"?
- Deve continuare fino in fondo alla strada e poi girare a destra.
- Grazie mille!

3. Rispondete alle seguenti domande:

1. Lei vuole andare al cinema con un amico. Che cosa dice?
2. Lei vuol sapere che film danno al cinema. Che cosa domanda?
3. Lei vuole due biglietti per il cinema. Che cosa domanda?
4. Lei vuol sapere a che ora comincia il film. Che cosa domanda?
5. Lei vuole andare in una discoteca, ma non sa dov'è. Che cosa domanda?
6. Lei preferisce andare al cinema o a teatro?
7. Il Suo compagno di banco preferisce il cinema o il teatro?
8. In Italia gli spettacoli teatrali cominciano alle ventuno. Nel Suo paese?

«Come si dice»

conoscere - sapere

a) *Conosco* bene l'italiano
        il francese
        due lingue
     il numero di
   telefono di Renzo

= *So* bene l'italiano
      il francese
      due lingue
    il numero di telefono
  di Renzo

b) *Conosci* Carla?
     il fratello di Carla?
     la casa di Carla?

      ....

c) ....

      Sai guidare la macchina?
      cucinare?
      suonare la chitarra?
      dove abita Carla?

Lessico nuovo: scusare - libero - occupato - mondo - continuare - fondo (in f. a) - girare - destro - mille (grazie m.) - teatrale - fratello - cucinare - suonare - chitarra.

X   *Test*

A. Completate le seguenti frasi con le parole mancanti:

1. Stasera scelgo .... il .... alla televisione.
2. Rimani in città .... vai .... campagna questo .... settimana?
3. A che .... comincia .... spettacolo?
4. Sandro e Lucia danno l'... di biologia.
5. Mario, ... è il .... del film?

B. Completate le parole con le lettere mancanti:

1. Renzo e Stefano sono stanchi: sal.......no con l'ascensore.
2. Che cosa ....ev......., signora: caffè o tè?
3. Stasera io rima...............o a casa, e tu che fai?
4. Carlo e Pietro fa..............o spesso tardi la sera.
5. Mario, a che ora ....sc........ di casa la mattina?

C. Completate le seguenti frasi con le preposizioni semplici o articolate:

1. Carlo telefona a Maria due volte .... giorno.
2. Quando tornate .... Madrid?
3. .... questo tempo è meglio restare .... casa.
4. Stasera andiamo tutti .... Paola.
5. La finestra .... mia camera dà .... piazza Garibaldi.

D. Mettete in ordine le seguenti parole:

1. fare/città/da/ho/rimango/in/perché/./
2. voi/stasera/che/vero/Elena/è/esce/con/?/
3. suo/sabato/perché/festa/sera/dà/una/Maria/compleanno/è/il/./
4. per/tempo/lo/otto/forse/delle/facciamo/spettacolo/in/./
5. ragazzo/di/anche/Pietro/c'è/amici/gli/fra/inglese/un/./

E. Traducete nella vostra lingua il dialogo "Una serata al cinema" e ritraducete in italiano, confrontando, poi, con il testo originale.

Lessico nuovo: -

A questo punto Lei conosce
511 parole italiane

I *Paolo ha cambiato casa*

Gianni: So che hai cambiato casa. Dove sei andato ad abitare?

Paolo : Ho comprato un appartamento in centro.

Gianni: È grande?

Paolo : Non tanto: due camere più servizi; ma in compenso c'è una bella terrazza.

Gianni: Hai speso molto?

Paolo : Abbastanza! Ho finito quasi tutti i miei risparmi.

Gianni: In ogni caso sei stato fortunato! Di questi tempi è un vero affare trovare un appartamento in centro.

participio passato - perfetto (passato prossimo) -
verbi transitivi e intransitivi - verbi ausiliari -
accordo del participio passato con il soggetto

Lessico nuovo: quarto - cambiare - servizio - compenso (in c.) - terrazza - spendere - risparmio - caso - fortunato - affare.

Termini tecnici: participio - passato - perfetto - transitivo - intransitivo - ausiliare - soggetto.

II *Test*

	Vero	Falso
1. Paolo è andato ad abitare in centro	☐	☐
2. Per comprare l'appartamento Paolo ha finito quasi tutti i risparmi	☐	☐
3. L'appartamento di Paolo è molto grande: ha anche una terrazza	☐	☐

III *Ora ripetiamo insieme:*

- Dove sei andato ad abitare?

- Hai speso molto?

- Sei stato fortunato!

- Oggi è un vero affare trovare un appartamento in centro!

IV *Rispondete alle seguenti domande:*

1. Cosa ha fatto Paolo?
2. Dove è andato ad abitare?
3. Quante camere ha l'appartamento?
4. Perché Paolo è stato fortunato?

Lessico nuovo: -

participio passato - perfetto (passato prossimo) - verbi transitivi e intransitivi - verbi ausiliari
accordo del participio passato con il soggetto

quarta unità

V

A. Presente

Passato

Oggi Paolo *rientra* presto.	⇦ ⇨	Ieri, invece, *è rientrato* tardi.

Di solito Mario *finisce* di lavorare alle cinque.	⇦ ⇨	Ieri, invece, *ha finito* di lavorare alle sei.

Ogni giorno Gianni *va* in centro a piedi.	⇦ ⇨	Ieri, invece, *è andato* in centro in macchina.

Di solito il treno *parte* in orario.	⇦ ⇨	Questa mattina, invece, *è partito* in ritardo.

$$\text{Passato prossimo}\begin{cases} \text{è rientrato} \\ \text{ha finito} \\ \text{è andato} \\ \text{è partito} \end{cases}$$

PASSATO PROSSIMO = *presente di* AVERE o ESSERE
+ *participio passato*

B. Il participio passato (forme regolari).

I. verbi in -ARE   II. verbi in -ERE   III. verbi in -IRE

| cambiARE cambiATO | vendERE vendUTO | finIRE finITO |

Lessico nuovo: ieri - rientrare - orario - forma - regolare - vendere.

C.

Ieri	io	ho	
	tu	hai	cambiato casa
	Paolo/Luisa	ha	venduto l'appartamento in centro
	noi	abbiamo	finito di lavorare alle undici
	voi	avete	
	Paolo e Luisa	hanno	

1. Completate le seguenti frasi con il verbo al participio passato:

> (fin*ire*) Gianni ha *finito* i suoi risparmi.

1. (ricev*ere*)   Ieri Silvia ha .... una lettera da Carla.
2. (cap*ire*)   Non abbiamo .... bene la lezione di ieri.
3. (trov*are*)   Signore, ha .... una camera?
4. (conosc*ere*)   Signorina, dove ha .... quel ragazzo?
5. (fin*ire*)   Carlo, quando hai .... l'università?
6. (cambi*are*)   I Rossi hanno .... il numero di telefono.
7. (cerc*are*)   Mi ha .... nessuno, ieri sera?
8. (vend*ere*)   Avete poi .... il vostro appartamento?
9. (dorm*ire*)   Questa notte ho .... poco.
10. (lavor*are*)   Ieri sera abbiamo .... fino a tardi.

D. Osservate!

Paolo ha cambiat*o* casa
Luisa ha cambiat*o* casa
Paolo e Gianni hanno cambiat*o* casa

ma diciamo, invece:

Paol*o* è andat*o* in centro
Luis*a* è andat*a* in centro
I ragazz*i* sono andat*i* in centro
Le ragazz*e* sono andat*e* in centro

così come:

Paol*o* è italian*o*
Luis*a* è italian*a*
I ragazz*i* sono italian*i*
Le ragazz*e* sono italian*e*

Lessico nuovo: –

participio passato - perfetto (passato prossimo) - verbi transitivi e intransitivi - verbi ausiliari
accordo del participio passato con il soggetto

quarta unità

Ieri	io sono andato / a tu sei andato / a Paolo è andato Luisa è andata noi siamo andati/e voi siete andati/e Paolo e Carlo sono andati Luisa e Franca sono andate	in centro a piedi

1. Ora completate le seguenti frasi con il verbo al participio passato:

> (partire) *Carla* è *partita* per Milano ieri sera.

1. (partire) *Luisa* è .... per Siena giovedì.
2. (andare) Ieri sera *Mario e Franco* sono .... al cinema.
3. (arrivare) *Il professore* è .... in ritardo.
4. (uscire) *I giornali* oggi non sono ....
5. (cadere) Ieri è .... *molta pioggia*.
6. (tornare) *Io e Luigi* siamo .... prima di cena.
7. (entrare) Conosci *le due ragazze* che sono .... ora?
8. (stare) Pia dice: "*Io e Marta* siamo .... molto bene a casa di Francesca".
9. (ritornare) Sono le undici e *Piero* non è ancora ....
10. (rientrare) *I ragazzi* sono .... a mezzanotte.

2. Completate le seguenti frasi secondo il modello:

> Di solito Paolo viene a scuola a piedi.
> Anche ieri è venuto a scuola a piedi.

1. Di solito Giulio guarda la televisione a casa di Mario.

   ....

2. Di solito Mario mangia al ristorante.

   ....

Lessico nuovo: -

3. Di solito Marta esce con i suoi amici.

....

4. Di solito Giorgio finisce di lavorare alle otto.

....

5. Di solito Franca parte con l'autobus delle sette.

....

6. Di solito Roberta riceve molte telefonate.

....

7. Di solito Carlo torna a casa tardi.

....

8. Di solito Paola va a teatro con Luca.

....

9. Di solito Marco viaggia di notte.

....

10. Di solito Ugo dorme fino a tardi.

....

E. Abbiamo visto il participio passato regolare:

–ARE = -ATO	–ERE = -UTO	-IRE = –ITO

Però non tutti i verbi formano il participio passato in questo modo:

Infinito	*Participio*	
essere	stato	Claudio non è stato mai né a Roma né a Milano.
accendere	acceso	Chi ha acceso il televisore?
chiudere	chiuso	Hai chiuso la porta a chiave?
mettere	messo	Ho messo già lo zucchero nel caffè.
perdere	perso (perduto)	Mario ha perso (perduto) il passaporto.
prendere	preso	Chi ha preso il mio ombrello?
promettere	promesso	Laura ha promesso di venire alle due.
rendere	reso	Hai reso i soldi a Franco?
scendere	sceso	Sei sceso con l'ascensore o a piedi?
spendere	speso	Paul, hai speso molto per far riparare la macchina?

Lessico nuovo: modo - né - accendere - chiudere - zucchero - perdere - passaporto - ombrello - promettere - rendere - soldo - scendere - riparare.

participio passato - perfetto (passato prossimo) - verbi transitivi e intransitivi - verbi ausiliari
accordo del participio passato con il soggetto

quarta unità

correre	corso	Sono stanco perché ho corso tutto il giorno.
succedere	successo	Stamattina è successo un grave incidente in Via Verdi.
giungere	giunto	Oh, finalmente siamo giunti a casa!
leggere	letto	Ho letto tutto il libro.
vincere	vinto	La Roma ha vinto il campionato nel 1983.
fare	fatto	Che cosa avete fatto ieri sera?
scegliere	scelto	Che disco avete scelto?
spegnere	spento	Avete spento la luce prima di uscire?
scrivere	scritto	Ho scritto a macchina una lettera.
dire	detto	Che cosa ha detto quell'uomo?
nascere	nato	La mamma di Anna è nata ad Atene.
chiedere	chiesto	Mario ha chiesto scusa a Carla.
rispondere	risposto	Hai risposto alla lettera di Bruno?
rimanere	rimasto	Sono rimasto a casa di Giulio fino a tardi.
vedere	visto (veduto)	Avete visto (veduto) il film fino alla fine?
bere	bevuto	Ieri sera abbiamo bevuto tre bottiglie di vino.
vivere	vissuto	Lorenzo è vissuto due anni a Parigi.
aprire	aperto	Perché non avete aperto la finestra?
offrire	offerto	Il signor Rossi ha offerto la cena a tutti.
morire	morto	Il padre di Carlo è morto in guerra.
venire	venuto	Perché non siete venuti dentro?

1. Ora mettete al passato prossimo i verbi delle seguenti frasi:

(prendere) Chi *ha preso* il mio giornale?

1. (mettere)   Fabrizio, dove .... la lettera di Giorgio?
2. (chiedere)   .... voi il numero di telefono a Carlo?
3. (rispondere) Marcello, non .... ancora alla mia domanda!
4. (leggere)   Signorina, ... già questo libro?
5. (dire)   Che cosa .... Maria e Franca?
6. (bere)   Ieri sera .... troppo ed ora sto male.
7. (scegliere)   .... tu questo disco?
8. (aprire)   Giovanna e Carla .... un ristorante a Parigi.
9. (accendere) Mariella ed io .... la televisione per vedere un film giallo.
10. (chiudere)   Chi .... la porta a chiave?

Lessico nuovo: correre - succedere - stamattina - grave - incidente - giungere - finalmente - vincere - campionato - spegnere - luce - uomo - nascere - mamma - scusa - bottiglia - morire - guerra - dentro.

F. Hanno il passato prossimo formato da *essere + participio passato:*

a. Verbi di moto che presuppongono un punto di partenza o di arrivo,
come ad es.:

- **partire** ◁ ▷ **arrivare (giungere)**

 Il treno *è partito da* Bologna alle nove ed *è arrivato a* Firenze alle dieci
 e un quarto.

- **andare** ◁ ▷ **venire**

 Domenica Piero ed io *siamo andati allo* stadio.
 La signora Fedeli *è venuta a* casa nostra.

- **tornare**

 Quando *siete tornati da* Parigi?
 A che ora *siete tornati a* casa?

- **entrare** ◁ ▷ **uscire**

 Il dottor Sarti *è entrato in* ufficio alle nove ed *è uscito* alle due
 del pomeriggio.

- **salire** ◁ ▷ **scendere**

 Luigi *è salito al* quarto piano con l'ascensore e dopo un po' *è sceso al*
 pianoterra.

- **cadere**

 Stanotte *è caduta* molta neve.

b. Alcuni verbi di stato in luogo, come: stare, rimanere, restare:

- Carla *è stata* a Londra l'estate passata.
- Luisa *è rimasta* a cena da Paola.
- Chi *è restato* a casa con i bambini?

c. Alcuni verbi intransitivi, come ad es.:

essere	*Sei stato* fortunato a trovare casa!
nascere	Dov'è *nato*, professor Manetti?
morire	Garibaldi *è morto* nell'isola di Caprera.
succedere	Che cosa *è successo* ieri?
costare	Questo appartamento mi *è costato* un occhio della testa.
piacere	Ti *è piaciuta* la commedia di ieri?
riuscire	Paolo *è riuscito* a trovare un lavoro.
sembrare	Luigi *è sembrato* preoccupato anche a me.
diventare	Com'è *diventato* grande tuo figlio!

Lessico nuovo: presupporre - partenza - arrivo - stadio - dottore - pianoterra - stanotte - neve -
stato - estate - bambino - isola - costare - occhio - piacere (v.) - sembrare - preoccupato -
diventare - figlio.

participio passato - perfetto (passato prossimo) - verbi transitivi e intransitivi - verbi ausiliari
accordo del participio passato con il soggetto

quarta unità

G. Osservate!

Le parole "sempre", "mai", "ancora", "più", "già", "appena", "anche" stanno di solito fra l'ausiliare ed il participio passato:

Hai *già* chiuso la valigia?
Non ho *mai* visto un film giallo.
Marco è *appena* arrivato da Roma.

1. Ora completate le seguenti frasi con il verbo al passato prossimo:

> (tornare) Maria *è tornata* da Milano ieri sera.

1. (andare)   A vent'anni Luisa .... a vivere da sola.
2. (riuscire)   Mario, ... a finire gli esami?
3. (succedere)   L'incidente .... sull'autostrada.
4. (costare)   Quanto ti .... quella gonna?
5. (rimanere)   Ragazzi, ... fino alla fine dello spettacolo?
6. (diventare)   Come .... difficile trovare lavoro oggi!
7. (nascere)   Dante Alighieri .... a Firenze nel 1265.
8. (arrivare)   Quando .... i tuoi genitori?
9. (restare)   Signora Rosa, ... a casa tutto il giorno?
10. (scendere)   Mio padre .... a prendere il vino.

VI

1. Mettete al posto dell'infinito il verbo al passato prossimo:

> Carlo, (leggere) *hai letto* il giornale stamattina?

1. Che cosa (tu-fare) .... ieri?
2. Ieri (lei-andare) .... in campagna.
3. Ieri sera loro (essere) .... al cinema.
4. Margherita (dire) .... che (vedere) .... molte cose a Firenze.
5. Carla, (essere) .... mai a Roma?
6. Noi (non essere) .... ancora ad Assisi.
7. Luisa (andare) .... a comprare il vino.
8. Chi (venire) .... ieri sera?
9. (Venire) .... Pietro e Maria.
10. Giorgio, (dare) .... una festa ieri?

Lessico nuovo: –

2. Come sopra:

1. (Io-non trovare) .... ancora una camera.
2. Di che cosa (parlare) .... ieri il professore?
3. (Io prendere) .... l'autobus per venire a scuola.
4. Chi (aprire) .... la porta?
5. Dove (tu-mettere) .... la chiave?
6. (Tu-sentire) .... il concerto di ieri?
7. Dove (tu-conoscere) .... Paolo?
8. (Tu-capire) .... che cosa (dire) .... Bruno?
9. Ieri sera noi (vedere) .... un film.
10. Chi (entrare) .... ?

3. Come sopra:

1. Quando (arrivare) .... Marta e Laura?
2. (Tornare) .... da Todi Luisa e Carlo?
3. (Io-cercare) .... Paolo, ma lui (non rispondere) ....
4. Da dove (entrare) .... il gatto?
5. Noi (finire) .... di studiare.
6. Dove (andare) .... in vacanza, Maria?
7. Noi (scrivere) .... tutte le parole nuove.
8. Perché (tu-rispondere) .... male a Gianni?
9. Noi (cominciare) .... a studiare l'italiano il mese passato.
10. Ieri Ugo e Rita (uscire) .... insieme.

4. Completate le seguenti frasi con la domanda o con la risposta:

Domanda

Risposta

1. .... Sì, sono rimasta a casa.

2. Dov'è nata, signorina?   ....

3. .... ieri sera, Giulio?   Ho visto Maria.

4. Che cosa hai perso?   ....

5. ...., signor Mori?   Sono stato a Milano.

6. Quando siete venuti?   ....

7. .... Ha offerto la cena il signor Rossi.

8. A chi hai scritto?   ....

9. .... Siamo scesi con l'ascensore.

10. Che cosa avete scelto per Carlo?   ....

Lessico nuovo: –

participio passato - perfetto (passato prossimo) - verbi transitivi e intransitivi - verbi ausiliari
accordo del participio passato con il soggetto

quarta unità

VII

1.

– Scusi, signora, è passato il 21?
– No, non ancora.
– Aspetta da molto?
– Da circa dieci minuti.

> La signora *aspetta* l'autobus *da* dieci minuti.
> (e ancora l'autobus non è passato)

> La signora *ha aspettato* l'autobus per dieci minuti.
> (e finalmente l'autobus è passato)

2.

– Ciao, Carlo! Quando sei tornato da Milano?
– Due giorni fa.
– È tornata anche Luisa?
– No, lei è ancora a Milano e ritorna domani.

	due giorni fa	
	pochi giorni fa	
	molti giorni fa	
	un mese fa	*il* mese passato (scorso)
	due mesi fa	
Carlo è tornato	pochi mesi fa	
	molti mesi fa	
	un anno fa	*l'*anno passato (scorso)
	due anni fa	
	pochi anni fa	
	molti anni fa	

> *un* mese fa = il mese passato
> *un* anno fa = l'anno passato

> due anni fa
> due mesi fa

> domenica passata (scorsa)
> sabato passato (scorso)

Lessico nuovo: fa (due giorni fa) - scorso (scorrere).

VIII   *Fate un segno (x) in corrispondenza della forma giusta:*

1. Mario lavora all'Alfa Romeo [a] tre anni fa.
   [b] da tre anni.

2. Ha studiato in Inghilterra [a] due mesi fa.
   [b] fa due mesi.

3. Siamo arrivati qui la settimana [a] passata.
   [b] prossima.

4. Ho aspettato [a] dalle   tre alle cinque.
   [b] per le

5. Ieri sera ho studiato [a] da due ore.
   [b] per due ore.

6. [a] Da tre mesi che cerco un appartamento.
   [b] Sono tre mesi che cerco un appartamento.

IX

1. Completate il seguente dialogo:

Gianni: So che .... casa. Dove .... ad abitare?

Paolo :   .... un appartamento in centro.

Gianni: È grande?

Paolo :   Non tanto: due camere più ...., ma in compenso c'è una
bella ....

Gianni: Hai .... molto?

Paolo :   Abbastanza! .... quasi tutti i miei risparmi.

Gianni: In ogni caso sei stato ....! Di questi tempi è un vero ....
trovare un appartamento in centro.

Lessico nuovo: segno - corrispondenza (in c.) - giusto.

participio passato - perfetto (passato prossimo) - verbi transitivi e intransitivi - verbi ausiliari
accordo del participio passato con il soggetto

quarta unità

2. Conversazioni.

a. - Ha una camera da affittare?
  - Sì, prego, si accomodi!
  - A che piano è?
  - All'ultimo.
  - Quanto costa?
  - Centotrentamila lire.
  - Mi sembra un po' cara!

b. - Quant'è l'affitto di questo appartamento?
  - Trecentomila lire al mese, compreso il riscaldamento e il condominio.
  - Bisogna dare un anticipo?
  - Sì, è necessario.

c. *Annunci pubblicitari:*

> Affitto a Pietra Ligure, in zona centrale vicino al mare, un alloggio arredato con posto macchina. Se vi interessa telefonatemi di sera al numero 0714/81428.

> A Baveno, sul Lago Maggiore, un privato vende tutto il primo piano di una villa, composto da 5 locali, grande terrazza, cantina e box. L'appartamento è libero. Gli interessati mi possono telefonare al n. 02/4451510.

d. - Pronto, Gabetti?
  - Sì, dica!
  - Cerco un appartamento ammobiliato in zona Monte Mario, di circa centocinquanta metri quadrati.
  - Ne abbiamo uno in vendita. Le interessa?
  - No, io lo vorrei in affitto.

Lessico nuovo: affittare - accomodarsi - ultimo - caro - qualcuno - presente (s.) - ci (= a noi) - indicare - compreso (comprendere) - riscaldamento - condominio - bisognare - anticipo - necessario - annuncio - pubblicitario - zona - centrale - alloggio - arredato (arredare) - vi (= a voi) - interessare - privato (s.) - villa - composto (comporre) - locale (s.) - cantina - interessato (s.) - ammobiliato - metro quadrato - vendita - Le (= a Lei) - lo (pr.).

3. Rispondete alle seguenti domande:

1. Che cosa domanda ad un Suo amico che ha cambiato casa?
2. In Italia, soprattutto nelle grandi città, è molto difficile trovare appartamenti in affitto. E nel Suo paese? Perché?
3. In Italia comprare una casa è sempre più difficile, perché ci vogliono molti soldi. E nel Suo paese?
4. L'appartamento dove abita è Suo?
5. Parli del Suo appartamento.

X   Test

A. Completate le seguenti frasi con le parole mancanti:

1. Paolo ha preso .... un appartamento .... centro.
2. Ho letto gli .... sul giornale.
3. Gianni ha trovato solo appartamenti in ....
4. Carlo .... andato .... Milano due giorni ....
5. Aspetto la telefonata .... Maria .... un'ora.

B. Completate le parole con le lettere mancanti:

1. Gianni ha finit........ tutt........ i suoi risparmi.
2. Maria .... andat........ a........ abitare in centro.
3. Signorina, dove ha conosc........t........ que........ ragazzo?
4. Avet........ chiest........... voi il numero di telefono .... Carlo?
5. Marta e Gianni sono arrivat........ a Firenze due giorni fa.

C. Mettete in ordine le seguenti parole:

1. appartamento/riuscito/in/come/sei/centro/trovare/a/?/un/
2. male/ieri/ed/troppo/sera/sto/ho/ora/bevuto/./
3. vedere/Giorgio/un/acceso/io/la/giallo/ed/abbiamo/per/televisione/film/./
4. per/Giulio/il/affitto/quanto/mini-appartamento/tuo/d'/paghi/?/
5. zona/a/vicino/Pietra/mare/affitto/Ligure/in/al/macchina/un/arredato/con/centrale/alloggio/posto/./

Lessico nuovo: soprattutto.

participio passato - perfetto (passato prossimo) - verbi transitivi e intransitivi - verbi ausiliari
accordo del participio passato con il soggetto

quarta unità

D. Raccontate il contenuto del dialogo fra Gianni e Paolo, ricordando i seguenti punti:

Paolo/appartamento in centro/camere/servizi/quasi tutti i risparmi/ fortunato/

E. Traducete nella vostra lingua il dialogo "Paolo ha cambiato casa" e ritraducete in italiano, confrontando, poi, con il testo originale.

F. Fate il IV test.

Lessico nuovo: raccontare - contenuto.

A questo punto Lei conosce
619 parole italiane

quarta unità

particípio passato - perfetto (passato prossimo) - verbi transitivi e intransitivi - verbi ausiliari
accordo del participio passato con il soggetto

XI   *Esercizi di ricapitolazione.*

1. Completate le seguenti frasi con il presente indicativo:

> Mario (cercare) *cerca* le chiavi di casa.

1. Signora, a che ora (finire) .... di lavorare?
2. Ragazzi, (capire) .... tutto quando il professore
   (spiegare) .... ?
3. Signorina, Lei (pensare) .... direttamente in italiano
   o (tradurre) .... dalla Sua lingua?
4. Signorina, a che ora (uscire) .... dall'università?
5. Maria, (sapere) .... se Marco (potere) .... venire?

2. Completate le seguenti frasi con le preposizioni semplici o articolate:

> Vado *alla* stazione, perché parto *per* Firenze.

1. Carla preferisce l'inglese .... spagnolo.
2. Il mio ufficio non è lontano .... università.
3. Ho conosciuto Fred .... Stati Uniti .... Boston.
4. Dove vai? Vado .... zio Bruno e poi .... cinema.
5. Come vai .... Roma? .... macchina .... mio amico.

3. Mettete al passato prossimo le seguenti frasi:

> Metto dei dischi ed ascolto un po' di musica.
> Ho messo dei dischi ed ho ascoltato un po' di musica.

1. Franca scende al bar per bere un caffè.

   ....

2. Aldo legge un libro giallo.

   ....

3. Marta arriva a Milano alle sei di sera.

   ....

4. Vediamo per la prima volta un film di Fellini.

   ....

5. Mario offre da bere a tutti.

   ....

Lessico nuovo: –
Termini tecnici: ricapitolazione.

I Una lettera

L'ingegner Roberto Magri è a Siviglia per motivi di lavoro.
Scrive alla moglie per dare *sue* notizie.

Siviglia, 16 aprile

Cara Cristina,
finalmente trovo un momento di tempo per scriverti. Come
puoi immaginare, le *mie* giornate sono molto intense e la sera
torno a casa stanco morto. Tutto sommato, però, mi trovo
bene qui.
Le *mie* prime impressioni su questo paese sono più che
positive. Gli spagnoli sono veramente simpatici e ospitali, ma
devo dire che non è facile abituarsi al *loro* modo di vita, così
diverso dal *nostro*. È un'esperienza senz'altro piacevole,
tuttavia sento molto la mancanza *tua* e dei *nostri* figli e ho
una grande nostalgia della *nostra* casa. Spero di ricevere presto
notizie *tue* e dei bambini.
Ti abbraccio con affetto,

tuo Roberto

Lessico nuovo: quinto - ingegnere - motivo - moglie - notizia - aprile -
immaginare - giornata - intenso - sommato (sommare) - trovarsi -
impressione - positivo - veramente - simpatico - ospitale - abituare -
vita - diverso - esperienza - senz'altro - piacevole - tuttavia - mancanza -
nostalgia - sperare - abbracciare - affetto.
Termini tecnici: possessivo.

i possessivi

II   *Test*

	Vero	Falso
1. Roberto Magri è a Siviglia come turista	☐	☐
2. Roberto Magri scrive una lettera alla figlia	☐	☐
3. Secondo Roberto Magri gli spagnoli sono simpatici e ospitali	☐	☐
4. Roberto Magri sente molta nostalgia della sua casa	☐	☐
5. L'esperienza di Roberto Magri non è piacevole	☐	☐

III   *Ora ripetiamo insieme:*

– Finalmente trovo un momento di tempo per scriverti.

– La sera torno a casa stanco morto.

– Gli spagnoli sono veramente simpatici e ospitali.

– Sento molto la mancanza tua e dei nostri figli.

– Spero di ricevere presto notizie tue e dei bambini.

– Ti abbraccio con affetto.

IV   *Rispondete alle seguenti domande:*

1. Perché Roberto Magri è a Siviglia?

2. A chi scrive?

3. Come sono le sue giornate?

4. Di chi sente la mancanza?

5. Come sono le sue impressioni sulla Spagna?

Lessico nuovo: –

V *Attenzione!*

le *mie* impressioni

le *mie* giornate

il *loro* modo di vita

la *nostra* casa

le mie, il loro, la nostra ecc... sono POSSESSIVI

io

il mio bambino
la mia bambina
i miei bambini
le mie bambine

tu

il tuo bambino
la tua bambina
i tuoi bambini
le tue bambine

lui, lei

il suo bambino
la sua bambina
i suoi bambini
le sue bambine

Lei

il Suo bambino
la Sua bambina
i Suoi bambini
le Sue bambine

noi

il nostro bambino
la nostra bambina
i nostri bambini
le nostre bambine

voi

il vostro bambino
la vostra bambina
i vostri bambini
le vostre bambine

loro

il loro bambino
la loro bambina
i loro bambini
le loro bambine

il mio bambin*o* ← *io* → *i miei* bambin*i*

la mia bambin*a* ← *io* → *le mie* bambin*e*

Questo è il bambino *di Roberto*

Questo è il bambino *di Silvia*

Questo è il bambino *di Roberto e Silvia*

È *il suo* bambino

È *il suo* bambino

È *il loro* bambino

> il suo bambino = il bambino di Roberto/Silvia
> la sua bambina = la bambina di Roberto/Silvia

Lessico nuovo: –

VI

1. Completate le seguenti frasi secondo l'esempio:

> Franco è uscito con *la sua* ragazza.

1. Paolo racconta a tutti .... esperienza.
2. Carla ha messo in ordine .... camera.
3. Di solito la sera esco con .... amici.
4. È questa .... borsa, professore?
5. È difficile .... lavoro, signorina?
6. È cara .... città, Franco?
7. Vivete da soli o con .... genitori?
8. Paola, posso vedere .... giornale?
9. I Rossi cercano una baby-sitter per .... bambino.
10. Abbiamo speso tutti .... risparmi.

2. Come sopra:

> Carlo, *il tuo* amico non viene?
> Signor Valenti, *il Suo* amico non viene?

1. Franco, va bene .... orologio?
2. Signora, ... ufficio è lontano da qui?
3. Paola, come passi .... tempo libero?
4. Signor Valli, ... macchina va molto bene.
5. Maria, ... amici sono già partiti?
6. Signora, ... bambini vanno già a scuola?
7. Sergio, ... idea è veramente buona.
8. Signor Neri, ... giornate sono sempre così intense?
9. Carla, quali sono .... valigie?
10. Signor Massi, mi può ripetere .... indirizzo?

Lessico nuovo: –

3. Completate le seguenti frasi secondo il modello:

> È di Roberto quella casa?
> Sì, è la sua.

1. È di Luisa quella borsa?

....

2. È di Marco quella macchina?

....

3. È di Carla quel vestito?

....

4. È di Giovanni quella camera?

....

5. È di Franca quel disco?

....

4. Come sopra:

> È dei vicini di casa quel gatto?
> Sì, è il loro.

1. È di Gianni e Guido quell'ufficio?

....

2. È dei signori Grassi quel numero di telefono?

....

3. È dei signori Rasimelli quella fabbrica?

....

4. È di Franco e Lucio quella macchina?

....

5. È degli amici di Carlo quel negozio?

....

Lessico nuovo: vicino (s.).

5. Trasformate le seguenti frasi secondo il modello:

> Roberto dice: "La mia giornata è molto intensa".
> Roberto dice che la sua giornata è molto intensa.

1. Carlo dice: "La mia esperienza è molto piacevole".

....

2. Marco dice: "Il mio lavoro è molto difficile".

....

3. Luigi dice: "La mia ragazza è molto simpatica".

....

4. Giuseppe dice: "Il mio orologio è molto vecchio".

....

5. Bernardo dice: "La mia città è molto bella".

....

6. Come sopra:

> Roberto e Cristina dicono: "I nostri figli sono già grandi".
> Roberto e Cristina dicono che i loro figli sono già grandi.

1. Riccardo e Maria dicono: "Le nostre impressioni sono positive".

....

2. Lucio e Grazia dicono: "I nostri impegni sono tanti".

....

3. Mauro e Gina dicono: "La nostra bambina va già a scuola".

....

4. Silvio e Carla dicono: "Il nostro numero di telefono è cambiato".

....

5. Massimo e Bianca dicono: "La nostra macchina va molto bene".

....

Lessico nuovo: trasformare.

7. Completate le seguenti frasi secondo l'esempio:

> Le mie impressioni su questa città sono molto buone e *le Sue* come sono, professore?

1. Le mie valigie sono in macchina e .... dove sono, Carlo?

2. Le mie sigarette preferite sono le Nazionali e .... quali sono, signor Marini?

3. I miei bambini sono a casa e .... dove sono, signora?

4. Il nostro esame è domani e .... quando è, ragazzi?

5. I nostri posti sono questi e .... qual è, signorina?

VII

LEI (formale)

– Buongiorno, avvocato!
– Buongiorno, signor Tassi! Le presento mia moglie.
– Molto lieto!
– ArrivederLa, dottore! Mi saluti Sua sorella!
– Grazie, presenterò.
– È Suo nipote questo bel bambino, signora?
– Sì, è il figlio di mia figlia.
– Suo figlio cade dal sonno, signora.
– È tardi! Ora lo metto a letto.

TU (confidenziale)

– Ciao, Carla!
– Ciao, Giuliano! Ti presento mio marito.
– Piacere!
– Ci vediamo, Mario! Salutami tuo fratello!
– Senz'altro, grazie!
– È tua nipote questa bella bambina, Gianna?
– Sì, è la figlia di mio fratello.
– Il tuo bambino cade dal sonno, Marta.
– È tardi! Ora lo metto a letto.

Attenzione!

1.

mio figlio	ma:	i miei figli
tuo fratello		i tuoi fratelli
sua sorella		le sue sorelle

Con *padre, madre, figlio, figlia, fratello, sorella, marito, moglie, zio, zia, cugina, nipote, nonno, nonna*, ecc.., non si usano gli articoli "il" e "la" davanti al possessivo.

Lessico nuovo: avvocato - presentare - marito - lieto - salutare (v.) - sorella - nipote - sonno - cugino - nonno - usare.

2.

il loro bambino
la loro famiglia

i loro bambini
le loro famiglie

e anche

il loro figlio
la loro sorella

i loro figli
le loro sorelle

Davanti al possessivo "loro" si mette *sempre* l'articolo.

VIII *Completate le seguenti frasi secondo l'esempio:*

Paolo viene con *sua* cugina.

1. Sono stata a Roma con .... padre.
2. Signorina, come sta .... madre?
3. Dottore, ... figli studiano ancora?
4. Francesco, perché non telefoni a .... cugino?
5. Signorina, quando arriva .... fratello?
6. Roberto, viene anche .... sorella con noi?
7. Signor Bianchi, ... figlio è già tornato?
8. Carlo, ... nonni sono tornati in città?
9. Signora, sono a casa .... figlie?
10. Signor Rossi, perché non è venuta anche .... moglie?

IX

1. Completate il seguente testo:

Cara Cristina, ... trovo un momento di tempo per scriverti.
Come puoi ...., le mie giornate sono molto .... e la sera
torno a casa stanco ...., però, mi trovo bene qui. Le
mie prime .... questo paese sono più che ....
Gli spagnoli sono veramente simpatici e ...., ma devo dire che non è
facile .... modo di vita, così diverso .... nostro.
È un'esperienza senz'altro ...., tuttavia sento molto la ....
tua e dei .... figli e ho una grande .... della nostra
casa. Spero di .... presto .... tue e dei bambini.
Ti .... con affetto, ... Roberto.

Lessico nuovo: famiglia.

2. Conversazioni.

A. Dal tabaccaio

1° Cliente: Vorrei un francobollo per una lettera.
Tabaccaio: Per l'Italia o per l'estero?
1° Cliente: Per Varsavia, via aerea.
Tabaccaio: Sono settecento lire.
1° Cliente: Scusi, dove posso imbucarla?
Tabaccaio: C'è una buca per le lettere un po' più avanti a sinistra.
1° Cliente: Grazie! ArrivederLa.
Tabaccaio: Prego! ArrivederLa.
2° Cliente: Vorrei un foglio, una busta e due cartoline.
Tabaccaio: La busta normale o per posta aerea?
2° Cliente: Normale.
Tabaccaio: Desidera altro, signore?
2° Cliente: Sì, un pacchetto di MS e una scatola di cerini. Quant'è?
Tabaccaio: Millequattrocento lire.

B. Alla posta

– Vorrei spedire un telegramma in Grecia.
– Scriva su questo modulo l'indirizzo del mittente, quello del destinatario
  e il testo del telegramma.
– Quanto pago?
– Sono venticinque parole ..... tremilasettecentocinquanta (3750) lire.

C. Tra uno sciopero e ..... l'altro

– Giovanni, hai ricevuto notizie dai tuoi?
– Ancora no, ma sai, c'è stato lo sciopero delle poste negli ultimi giorni.

D. Accettare un invito

a voce:

– Vuoi venire a cena da me
  domani sera?
– Grazie, accetto con piacere
  l'invito!

per iscritto:

– Caro Franco, ti ringrazio vivamente
  del tuo cortese invito, che accetto
  con piacere.
Cordialmente, tuo Mario.

Lessico nuovo: tabaccaio - cliente - francobollo - estero - aereo (agg.) - imbucare - buca - avanti - sinistro - foglio - busta - cartolina - normale - posta - desiderare - pacchetto - scatola - cerino - spedire - telegramma - modulo - mittente - destinatario - sciopero - accettare - invito - voce - per iscritto - ringraziare - vivamente - cortese - cordialmente.

E. Declinare un invito

a voce:

– Vorrei invitarLa a cena per
domani sera, signor Longhi.
– Mi dispiace veramente, ma
non posso accettare: ho già
un impegno.

per iscritto:

– Gentile signora Bianconi, La
ringrazio sentitamente del Suo
cortese invito, che purtroppo non
posso accettare a causa di un
precedente impegno.
Con i miei più cordiali saluti,
Suo Giulio Parri.

F. LEI (formale)

– Signor Bianchi, prende un whisky?
– No, grazie, non bevo liquori.
– Che cosa posso offrirLe, allora?
– Un cappuccino, grazie!
– Quanto zucchero?
– Tre cucchiaini: mi piace dolce.

– Che cosa prende, signora Russo?
– Una bibita fresca, forse un succo
di pompelmo.
– E Lei, signor Russo, che cosa
prende?
– Un caffè corretto, grazie!
Cameriere! Un succo di pompelmo,
un caffè corretto e una spremuta
d'arancia, per piacere!

TU (confidenziale)

– Maria, prendi una tazza di tè?
– Sì, volentieri!
– Al limone?
– No, al latte.
– Quanto zucchero?
– Niente, grazie, lo preferisco amaro.

– Carlo, prendi qualcosa?
– Soltanto un bicchiere d'acqua
minerale, perché ho molta sete.
– Cameriere! Un bicchiere d'acqua
minerale, un latte macchiato e una
pasta per favore!

3. Rispondete alle seguenti domande:

1. Lei vuole presentare la persona che è con Lei ad un amico.
Che cosa dice?

2. Lei vuole dei francobolli per una lettera. Dove va? Cosa dice?

3. In Italia è possibile comprare i francobolli e la carta da lettere
anche dal tabaccaio. E nel Suo paese?

4. Lei vuole mandare un telegramma. Che cosa fa?

5. Che cosa pensa del servizio postale in Italia? Com'è nel Suo paese?

Lessico nuovo: declinare - invitare - gentile - sentitamente - purtroppo - causa - precedente -
cordiale - saluto - liquore - cappuccino - cucchiaio (cucchiaino) - dolce (agg.) - tazza - limone -
latte - amaro - bibita - fresco - succo - pompelmo - corretto (caffè c.) - cameriere - spremuta -
arancia - bicchiere - acqua - minerale (acqua m.) - sete - macchiato (latte m.) - pasta - carta -
mandare - postale.

6. Che cosa risponde per declinare l'invito di un amico?

7. Lei vuole offrire qualcosa da bere ad un suo amico. Che cosa dice?

8. Lei vuole offrire qualcosa da bere ad una signora. Che cosa dice?

9. Lei beve liquori?

10. Lei che cosa prende, di solito, a colazione?

4. Scriva una lettera alla Sua famiglia in cui racconta le Sue impressioni su un'esperienza di lavoro o di studio o su una vacanza all'estero.

X   *Test*

A. Completate le seguenti frasi con le parole mancanti:

1. Ho una grande.......................... della .... casa.

2. Bernardo sente molto la .... della .... famiglia.

3. Silvio e Carla dicono che il .... numero di telefono .... cambiato.

4. Signor Tassi, Le .... mia moglie!

5. Ci ...., Mario, e salutami .... fratello.

B. Mettete al posto dei puntini i possessivi convenienti:

Cara Elisa, ho ricevuto .... lettera e mi fa piacere sentire che voi tutti state bene.

.... vacanze in campagna sono quasi finite e penso già .... ritorno in ufficio. Da qualche giorno sono qui anche .... cugino e .... moglie. Sono arrivati da soli, perché .... figli hanno preferito andare al mare da amici .... compagnia è molto piacevole, perché sono persone simpatiche e aperte.

Mi hanno invitato a casa .... e penso di andarci per due o tre giorni prima di tornare al lavoro. Chiudo qui perché voglio dare questa .... ad una persona che va in città, così sono sicura che parte stasera stessa. Ti abbraccio con affetto, ... Clara.

Lessico nuovo: cui - studio - conveniente - sicuro.

C. Mettete in ordine le seguenti parole:

1. scriverti/di/momento/per/trovo/un/tempo/finalmente/./
2. al/abituarsi/di/modo/è/non/vita/loro/facile/./
3. la/sento/nostri/molto/tua/dei/mancanza/e/figli/./
4. presto/notizie/di/spero/ricevere/vostre/./
5. imbucare/scusi/posso/cartoline/dove/queste/?/

D. Trovate gli errori nelle seguenti frasi:

1. La mia sorella è ancora in vacanza.
2. Chi è questa bel bambina, signora?
3. Roberto e Cristina hanno nostalgia dei suoi figli.
4. Sono venuti anche miei fratelli.
5. Giovanna, hai ricevuto notizie dei suoi?

E. Traducete nella vostra lingua il testo introduttivo "Una lettera" e ritraducete in italiano, confrontando, poi, con il testo originale.

Lessico nuovo: errore.

A questo punto Lei
conosce 732 parole italiane

I   *Un fine-settimana al mare*

Enrico : Che *farai* questo fine-settimana, Alberto?

Alberto: *Andrò* al mare. E tu che pensi di fare?

Enrico : Non ho ancora deciso: forse *rimarrò* a casa.

Alberto: Perché non vieni anche tu a Roseto?

Enrico : È lontano?

Alberto: Mica tanto! *Ci vorranno* al massimo tre ore.

Enrico : *Saremo* solo noi?

Alberto: No, ci *verranno* pure Luigi e Franca. Dai, vieni via! Sono sicuro che *staremo* bene! *Faremo* una bella nuotata e... *mangeremo* pesce fresco.

Enrico : Mi hai convinto! *Passerete* voi a prendermi?

Alberto: Senz'altro! Va bene alle sette?

Enrico : È un po' presto, ma almeno non *troveremo* molto traffico.

Alberto: Allora alle sette *saremo* sotto casa tua.

**il futuro semplice e composto
la particella avverbiale "ci"**

Lessico nuovo: sesto - decidere - mica - massimo - nuotata - pesce - convincere - almeno - traffico - sotto.
Termini tecnici: futuro - particella - avverbiale.

II   *Test*

1. Questo fine-settimana Alberto andrà	[a] in montagna
	[b] al mare
	[c] in campagna

2. Alberto partirà	[a] con gli amici
	[b] con la famiglia
	[c] da solo

3. Alberto ed Enrico faranno	[a] una passeggiata
	[b] un giro in macchina
	[c] una nuotata

4. Alberto ed Enrico vogliono partire presto	[a] per non trovare troppo traffico
	[b] per non sentire troppo caldo
	[c] per non arrivare troppo tardi

III   *Ora ripetiamo insieme:*

  – Che farai questo fine-settimana, Alberto?
  – Andrò al mare. E tu?
  – Forse rimarrò a casa.
  – Perché non vieni anche tu a Roseto?
  – Saremo solo noi?
  – No, ci verranno pure Luigi e Franca.
  – Sono sicuro che staremo bene!

IV   *Rispondete alle seguenti domande:*

  1. Che cosa farà Alberto questo fine-settimana?
  2. Quanto tempo ci vorrà per arrivare a Roseto?
  3. Che cosa faranno i due amici al mare?
  4. A che ora partiranno Alberto ed Enrico?
  5. Perché pensano di partire così presto?

Lessico nuovo: –

V

IERI (passato)	OGGI (presente)	DOMANI (futuro)
- Alberto, che hai fatto ieri?	- Alberto, che fai oggi?	- Alberto, che farai domani?
- Sono andato al mare. E tu, Paola?	- Vado al mare. E tu, Paola?	- Andrò al mare. E tu, Paola?
- Sono rimasta a casa.	- Rimango a casa.	- Rimarrò a casa.

Il futuro semplice.

A. Arrivare (-ARE)

A che ora *arriverai*, Mauro?

E tua sorella?

E voi, ragazzi, a che ora *arriverete?*

Arriverò verso le sette.

Lei *arriverà* un po' più tardi.

Arriveremo in tempo per la cena; Giorgio e Pina, invece, *arriveranno* dopo cena.

B. Prendere (-ERE)

Prenderai la macchina oggi pomeriggio, Anna?

Signor Martini, a che ora *prenderà* il treno?

Non *prenderete* un periodo di riposo?

Quando *prenderanno* in affitto l'appartamento di sopra i signori Bolli?

No, *prenderò* l'autobus, perché non trovo mai un parcheggio.

Alle nove, se non ci sarà uno sciopero.

Sì, *prenderemo* un mese di ferie appena possibile.

Il mese prossimo.

C. Partire (-IRE)

Partirà presto domattina, signora Meucci?

E tu, Marco, quando *partirai?*

E voi, ragazzi, quando *partirete?*

Mah! *Partirò* verso le otto.

Alle nove; Marta e Gianni, invece, *partiranno* più tardi.

Partiremo fra una settimana.

Lessico nuovo: verso (prep.) - parcheggio - periodo - riposo - ferie (le f.) - domattina.

I.-ARE	II.-ERE	III.-IRE
io arriv*erò*	prend*erò*	part*irò*
tu arriv*erai*	prend*erai*	part*irai*
lui		
lei arriv*erà* verso	prend*erà* il treno	part*irà* più tardi
Lei le sette		
noi arriv*eremo*	prend*eremo*	part*iremo*
voi arriv*erete*	prend*erete*	part*irete*
loro arriv*eranno*	prend*eranno*	part*iranno*

Attenzione!

DARE	*FARE*	*STARE*
io d*arò*	f*arò*	st*arò*
tu d*arai*	f*arai*	st*arai*
lui		
lei d*arà* l'esame	f*arà* tardi	st*arà* bene
Lei		
noi d*aremo*	f*aremo*	st*aremo*
voi d*arete*	f*arete*	st*arete*
loro d*aranno*	f*aranno*	st*aranno*

VI

1. Ed ora completate le frasi con il verbo al futuro:

> Oggi offro io. Domani *offrirai* tu.

1. Oggi resto a casa. Anche domani _____ a casa.
2. Adesso telefono a Cristina. Fra poco _____ a Giulio.
3. Oggi fanno sciopero gli autobus. Domani _____ sciopero i treni.
4. Gianni parte in treno. Luisa e Marta, invece, _____ in macchina.
5. Oggi ho scritto a Paolo. Stasera _____ a Lucia.
6. I negozi aprono alle nove. I negozi non _____ per due giorni.
7. Franco arriva oggi da Milano. Patrizia, invece, _____ domani sera.
8. Di solito passiamo le vacanze al mare. L'anno prossimo _____ un mese in montagna.
9. Guido e Giulio cominciano subito a studiare. Noi _____ fra un'ora.
10. Oggi ho finito di lavorare tardi. Domani _____ un po' prima.

Lessico nuovo: -

2. Completate le seguenti frasi secondo il modello:

> Chiedete a Gina se tornerà presto.
> Gina, tornerai presto?

1. Chiedete a Luisa se affitterà l'appartamento.

   ....

2. Chiedete ad Anna se starà con i bambini.

   ....

3. Chiedete a Marta se lavorerà anche sabato.

   ....

4. Chiedete a Lucia se prenderà un periodo di riposo.

   ....

5. Chiedete a Bruno se dormirà fino a tardi.

   ....

6. Chiedete a Marco se uscirà dopo cena.

   ....

7. Chiedete a Lisa se darà l'esame d'inglese.

   ....

8. Chiedete a Wanda se accetterà l'invito di Lucia.

   ....

9. Chiedete a Giorgio se seguirà tutte le lezioni.

   ....

10. Chiedete a Nicola se cambierà casa.

   ....

VII *Ora vediamo il futuro semplice di altri verbi:*

A. *ESSERE*
 - Laura, ti va di fare una partita a tennis domani pomeriggio?
 - Mi dispiace, Giusy, ma domani *sarò* a Firenze per tutta la giornata.

AVERE
 - Gianni, hai ancora molto da fare?
 - Sì, ma vorrei finire in serata, così domani *avrò* tutta la giornata libera.

Lessico nuovo: partita - tennis.

domani sarò	a Firenze	domani avrò	tutta la giornata
sarai		avrai	libera
sarà		avrà	
saremo		avremo	
sarete		avrete	
saranno		avranno	

B. *VEDERE*

- Ciao, Carlo! Sto per partire. Salutami Anna!
- Senz'altro! La *vedrò* proprio stasera.

POTERE

- A che ora arriverà Michele?
- Ha detto che non *potrà* essere qui prima delle nove.

il futuro di avere	è	«avrò»
potere		«potrò»
sapere		«saprò»
dovere		«dovrò»
vedere		«vedrò»
andare		«andrò»

C. *RIMANERE*

- Salve, Francesco! Quando partirai per Monaco?
- Domani sera tardi.
- Verrà con te anche Giulia?
- No, lei *rimarrà* qui.

VOLERE

- Giuseppe, lo sai che Gianni si presenterà alle prossime elezioni?
- Non *vorrai* mica scherzare?

il futuro di rimanere	è	«rimarrò»
venire		«verrò»
volere		«vorrò»
bere		«berrò»

D. *PAGARE*

- Chiediamo i conti separati?
- No, *pagherò* io e poi divideremo fra noi la spesa.

CERCARE

- Gino, non ho capito bene quello che hai detto.
- Allora *cercherò* di essere più chiaro.

il futuro di cercare	è	«cercherò»
dimenticare		«dimenticherò»
mancare		«mancherò»
spiegare		«spiegherò»
pagare		«pagherò»

Lessico nuovo: proprio - salve! - elezione - scherzare - conto - separato (separare) - dividere - chiaro - spiegare.

VII-1

1. **Completate le seguenti frasi secondo il modello:**

> Domattina (io dovere) *dovrò* uscire presto.

1. Mi dispiace, ma stasera (noi non potere) .... uscire insieme.
2. Mauro è sicuro che domani Angela (volere) .... andare al mare.
3. Signorina, quando (vedere) .... il signor Neri?
4. La prossima settimana (io sapere) .... quando (arrivare) .... Carla.
5. Quanto tempo (rimanere) .... in Italia, signora?
6. Anche Marco (venire) .... con noi al concerto, stasera?
7. Oggi pago io, un'altra volta (pagare) .... voi.
8. Prima di partire (io andare) .... a salutare tutti gli amici.
9. Se (tu bere) .... un caffè, (stare) .... subito meglio.
10. (Io non dimenticare) .... mai quello che hai fatto per me.

2. **Mettete al posto dell'infinito il verbo al futuro:**

> Franco, (uscire) *uscirai* con Paola stasera?

1. Quando (voi sapere) .... se (potere) .... partire?
2. Stasera (noi spiegare) .... a Carlo come stanno le cose.
3. Domani mattina (io dormire) .... fino alle undici, perché non devo uscire.
4. L'anno prossimo (io finire) .... di pagare l'appartamento.
5. La prossima settimana Carla e Paolo (dovere) .... cambiare casa.
6. Quanto (durare) .... le Sue vacanze, signora?
7. Domani sera i signori Rossi (dare) .... una festa.
8. Se (voi fare) .... presto, (trovare) .... ancora dei posti a sedere.
9. Se (noi rimanere) .... ancora qualche giorno (vedere) .... anche Positano.
10. Appena (io arrivare) .... a Milano, (io telefonare) .... a Fabio.

Lessico nuovo: –

3. Completate le seguenti frasi con la domanda o con la risposta:

Domanda

1. ...., Giovanna?
2. Andrete al mare o in montagna per le vacanze?
3. ....
4. Rimarrai a casa stasera?
5. ....
6. Oggi spiegherà qualcosa di nuovo, professore?
7. ...., signorina?
8. Quanto tempo ci vorrà per arrivare a Roma?
9. ....
10. Parlerà Lei per primo, signor Grassi?

Risposta

Tornerò domenica notte.

....

No, Maria non verrà.

....

Partiremo in treno.

....

Starò via tre mesi.

....

Telefonerò prima delle tre.

....

VII-2 *In viaggio.*

Durante il viaggio per Roseto i nostri amici parlano del più e del meno:

Enrico: Sono proprio contento di passare una giornata al mare!
          Con questo caldo, appena saremo arrivati, farò subito un bel bagno!
Alberto: Io, invece, prima di buttarmi in acqua, prenderò un po' di sole.

Attenzione!

Appena *saremo arrivati,* farò un bel bagno.

e ancora:
- Quando *avrò mangiato,* farò quattro passi.
- Quando *avrò conosciuto* meglio Carla, ti dirò cosa penso di lei.
- Dopo che *avrò dormito* un po', starò meglio.

Nel caso di due azioni future:
Per l'azione che avviene *PRIMA* usiamo il futuro composto.
Per l'azione che avviene *DOPO* usiamo il futuro semplice.

"saremo arrivati", "avrò mangiato", "avrò conosciuto", "avrò dormito":
futuro composto

Lessico nuovo: durante - bagno - buttare - sole - passo - azione - futuro (agg.) - avvenire (v.).

Il futuro composto o futuro anteriore.

I. ARRIVARE	II. CONOSCERE	III. DORMIRE
io sarò arrivato (a)	avrò conosciuto	avrò dormito
tu sarai arrivato (a)	avrai conosciuto	avrai dormito
lui		
lei sarà arrivato (a)	avrà conosciuto	avrà dormito
Lei		
noi saremo arrivati (e)	avremo conosciuto	avremo dormito
voi sarete arrivati (e)	avrete conosciuto	avrete dormito
loro saranno arrivati (e)	avranno conosciuto	avranno dormito

VII-3   **Completate i dialoghi secondo il modello:**

> - Fra un anno finirò la scuola.
> - Che farai dopo?
> - *Dopo che avrò finito la scuola,* cercherò subito un lavoro.

1. Devo dormire un po'.
   Che farai dopo?
   ...., comincerò a lavorare.

2. Voglio fare un bagno.
   Che farai dopo?
   ...., andrò subito a letto.

3. Fra cinque giorni darò l'esame di matematica.
   Che farai dopo?
   ...., prenderò qualche giorno di riposo.

4. Domani mattina telefonerò ai miei.
   Che farai dopo?
   ...., uscirò a fare spese.

5. Tra dieci minuti finirò di mangiare.
   Che farai dopo?
   ...., andrò a fare una passeggiata.

Lessico nuovo: –
Termini tecnici: anteriore.

VII-4 Osservate!

– Scusi, sa che ora è?
– Non lo so di sicuro, perché non ho
   l'orologio, ma *saranno* le undici.   (= *forse sono* le undici)

– A quest'ora Carlo *sarà arrivato* a   (= *forse è arrivato* a Milano)
   Milano.

– Non credo: *sarà* ancora a Bologna.   (= *forse è* ancora a Bologna)

– Come mai Luisa è così giù?
– Non so, *avrà* qualche problema.   (= *forse ha* qualche problema)
– Allora *avrà* bisogno di aiuto!   (= *forse ha* bisogno di aiuto)

– Perché ieri sera Gianni non è
   venuto?
– Non lo so: *avrà avuto* altre cose   (= *forse ha avuto* altre cose da fare)
   da fare.

VII-5 *A Siena*.

Ugo : Senti, Mark, mi hanno detto che a Siena c'è una mostra d'arte
       moderna. Vogliamo andar*ci*?

Mark: Sì, *ci* vengo volentieri, anche perché è un'occasione per visitare
       la città.

Ugo : Bene! *Ci* andiamo in treno oppure in macchina?

Mark: Possiamo andar*ci* con la mia macchina, così non avremo problemi di
       orario.

Ugo : È sicuramente meglio.

VII-6 Rispondete alle seguenti domande:

1. Dove vuole andare Ugo?
2. Perché ci vuole andare?
3. Mark è mai stato a Siena?
4. Con quale mezzo andranno a Siena Ugo e Mark?

VII-7

– Vogliamo andar*ci*, Mark?   Mark, vogliamo andare *a Siena*?
– *Ci* vengo volentieri.   Vengo volentieri *a Siena*.
– *Ci* andiamo in treno?   Andiamo *a Siena* in treno?
– Possiamo andar*ci* con la mia   Possiamo andare *a Siena* con la mia
   macchina.   macchina.

Lessico nuovo: giù - problema - bisogno - aiuto - mostra - arte - moderno - occasione - visitare - oppure - sicuramente.

VII-8 andare

– Vai *in Francia* l'anno prossimo?

– Vai *al cinema* stasera?   Sì, *ci vado.*

– Va *alla partita* di calcio, dottore?   No, *non ci vado.*

– Luigi, oggi vai *dal medico?*

venire

– Vieni *a casa di Paola* stasera?

– Vieni *a teatro* domani sera?   Sì, *ci vengo.*

– Vieni *al museo* con noi?   No, *non ci vengo.*

– Signorina, viene *a lezione* domani?

essere, stare, restare, rimanere

– È *a casa* la signora?   – No, *non c'è.*

– Sta volentieri *in questa città?*   – Sì, *ci sto* volentieri.

– Chi resta *a casa* con i bambini?   – *Ci resta* la nonna.

– Quanto tempo rimane *a Napoli,*   – *Ci rimango* due mesi.
  signora?

VIII

1. Completate le risposte alle seguenti domande:

1. Con chi siete andati a
   sciare ieri?   .... con Sandro.

2. Quante volte è stato a
   Venezia, signor Arnold? .... molte volte.

3. Quanto tempo rimarrà a
   Livorno, signora Pucci? .... due mesi.

4. Chi viene a Firenze
   con te?   .... Carla.

5. Alex, stai volentieri a
   Torino?   No, ...

6. Chi è andato a prendere
   i ragazzi?   .... Francesca.

7. Quando tornerà in
   ufficio, signorina?   .... la prossima settimana.

8. Sai se Paola è andata a
   scuola?   Sì, ...

Lessico nuovo: calcio - medico - museo.

9. Chi resta ad aspettare
   Giulia?   .... Mario.

10. Signor Di Marco, da
    quanto tempo lavora in
    questo ufficio?   .... da sei mesi.

2. Completate le seguenti frasi con la domanda o con la risposta:

Domanda   *Risposta*

1. Quando tornerai nella tua città?   .... il mese prossimo.

2. ...., Carlo?   Sì, ci vado spesso.
   (in piscina)

3. È andata in campagna   Sì, ...
   domenica scorsa, signora?   No, ...

4. ....? (a Pisa)   Ci siamo stati due volte.

5. A che ora siete andati a letto
   ieri sera?   .... alle undici.

6. ....? (a comprare il vino) Ci vado io.

7. Quanto tempo rimarrai a casa
   di Paola?   .... una settimana.

8. ....? (a ballare)   No, loro non ci vengono.

9. Signora Negri, è mai stata   Sì, ...
   in Inghilterra?   No, ...

10. ....? (al concerto)   Sì, ci verranno anche loro.

3. Completate il dialogo con la forma conveniente dei seguenti verbi:

andare - esserci - fare - preferire - venire

Giulio: Che cosa .... domani, Franco?

Franco: .... al museo. Ci .... anche tu?

Giulio: No, ... già .... un altro programma:
         .... a Spoleto, perché in questi giorni ....
         il "Festival dei due mondi". Domani .... un bellissimo
         concerto in piazza.

Franco: Io, invece, ... vedere lo spettacolo quando ....
         meno gente.

Lessico nuovo: –

IX

1. Completate il seguente dialogo:

Enrico: Che .... questo ...., Alberto?

Alberto: .... al mare. E tu che pensi .... fare?

Enrico: No ho .... deciso: forse .... a casa.

Alberto: Perché non .... anche tu .... Roseto?

Enrico: È ....?

Alberto: .... tanto! Ci .... al massimo tre ore.

Enrico: Saremo .... noi?

Alberto: No, ... verranno pure Luigi e Franca ....,

            vieni...................! Sono sicuro che .... bene! Faremo una

            bella .... e .... pesce fresco.

Enrico: Mi hai ....! Passerete voi a ....?

Alberto: ....! Va bene .... sette?

Enrico: È un po' ...., ma .... non troveremo molto ....

2. Rispondete alle seguenti domande:

1. Che cosa chiede ad un Suo amico per sapere come passerà il fine-settimana?
2. Che cosa risponde ad un amico che Le chiede di passare il fine-settimana con lui?
3. Come passerà il prossimo fine-settimana?
4. Ha mai visto una mostra d'arte moderna?
5. Che genere di musica Le piace di più?

3. Parli di un viaggio che pensa di fare in futuro.

4. Quanti ne abbiamo?

I mesi

È il 16 gennaio	14 luglio
2 febbraio	30 agosto
5 marzo	18 settembre
12 aprile	31 ottobre
9 maggio	4 novembre
1° giugno	28 dicembre

Lessico nuovo: genere - gennaio - febbraio - marzo - maggio - giugno - luglio - agosto - settembre - ottobre - novembre - dicembre.

Le stagioni
- In primavera la campagna è tutta verde.
- In estate fa caldo e la gente va in vacanza.
- In autunno le foglie degli alberi cadono.
- In inverno fa freddo e cade la neve.

X   Test

A. Completate le seguenti frasi con le parole mancanti:

1. Domani io .... al mare. Tu che pensi .... fare?

2. Per arrivare .... Rimini .... vorranno .... tre ore.

3. Oggi .... l'autobus, perché non trovo mai un ....

4. I negozi non apriranno .... sabato.

5. Secondo te, quanti anni .... quella ragazza?

B. Completate le seguenti frasi con le lettere mancanti:

1. Luigi, quando prender........ un per........do di riposo?

2. Non mi dimentic........er...... di ....pedire la tua lettera.

3. Gino, se be.......ai un caffè, star........ subito meg.......io.

4. La prossima settimana Carlo dov............à cambiare casa.

5. Mi lasci qui? Non vo.......ai mica sc.......er.......are!

C. Mettete in ordine le seguenti parole:

1. sono/bene/che/sicuro/staremo/!/una/e/mangeremo/nuotata/pesce/bella/fresco/faremo/./

2. appena/caldo/subito/bel/un/farò/arrivati/con/saremo/bagno/!/questo/

3. è/ora/che/sa/scusi/?/so/ho/non/orologio/lo/saranno/ma/le/sicuro/di/undici/ho/perché/non/l'/!/

4. che/c'/mostra/a/detto/Siena/una/arte/d'/è/moderna/hanno/mi/./

5. così/non/la/orario/di/problemi/con/macchina/ci/avrò/vado/. /

Lessico nuovo: stagione - primavera - autunno - foglia - albero - inverno.

D. Raccontate il dialogo introduttivo "Un fine-settimana al mare", ricordando i seguenti punti:

Alberto al mare/Enrico forse a casa/Roseto/tre ore/Luigi e Franca/una bella nuotata e pesce fresco/Enrico convinto/passare a prendere/alle sette/non molto traffico/

E. Traducete nella vostra lingua il dialogo introduttivo "Un fine-settimana al mare" e ritraducete in italiano, confrontando, poi, con il testo originale.

F. Fate il V test.

Lessico nuovo: -

A questo punto Lei conosce
799 parole italiane

In cerca di lavoro

Carlo : Sei riuscita a trovare lavoro, Marina?

Marina: Proprio ieri mi hanno offerto un impiego, ma sono ancora in dubbio se accettar*lo* o meno.

Carlo : Che tipo di lavoro è?

Marina: Un posto di dattilografa nello studio di un avvocato.

Carlo : Non è un lavoro di grande soddisfazione, ma almeno è conveniente dal punto di vista economico?

Marina: No, lo stipendio non è alto e inoltre l'orario di lavoro è piuttosto pesante.

Carlo : Certo, con il titolo di studio che hai, puoi pretendere qualcosa di meglio.

Marina: *Lo* so, ma con i tempi che corrono non si può scegliere molto.

Carlo : Comunque è sempre meglio un lavoro modesto che niente.

Marina: La mia situazione *la* conosci bene; ho bisogno di lavorare e devo prendere quello che capita.

Carlo : Proprio per questo ti consiglio di accettare subito quel lavoro, altrimenti *lo* prenderà qualcun altro.

Marina: *Mi* hai convinto: dovrò rassegnarmi a fare un lavoro che non mi piace.

Carlo : In fondo gli stessi svantaggi *li* presentano tanti altri lavori, compreso il mio.

Marina: Ma, almeno, tu puoi fare carriera!

Carlo : Questa prospettiva per ora tu non ce *l'*hai, ma in futuro forse puoi cambiare lavoro.

Marina: Con la disoccupazione che c'è, sarà molto difficile.

Lessico nuovo: settimo - cerca (in c. di) - impiego - dubbio - tipo - dattilografo - soddisfazione - vista - economico - stipendio - alto - inoltre - piuttosto - pesante - certo - pretendere - comunque - modesto - situazione - capitare - consigliare - altrimenti - rassegnarsi - svantaggio - carriera - prospettiva - disoccupazione.
Termini tecnici: pronome - diretto.

II   *Test*

	Vero	Falso
1. Marina è riuscita a trovare lavoro	☐	☐
2. Ha già deciso di accettarlo	☐	☐
3. Lo stipendio è alto	☐	☐
4. Marina ha bisogno di lavorare	☐	☐
5. Con quel lavoro Marina può fare carriera	☐	☐

III   *Ora ripetiamo insieme:*

- Sei riuscita a trovare lavoro?
- Mi hanno offerto un impiego, ma sono in dubbio se accettarlo o meno.
- Con il titolo di studio che hai, puoi pretendere qualcosa di meglio.
- Lo so, ma con i tempi che corrono, non si può scegliere molto.
- La mia situazione la conosci bene; ho bisogno di lavorare.

IV   *Rispondete alle seguenti domande:*

1. Che tipo di lavoro hanno offerto a Marina?
2. È conveniente dal punto di vista economico?
3. Com'è l'orario?
4. Perché, alla fine, decide di accettarlo?
5. Con quel lavoro può fare carriera?

V   *Attenzione!*

Conosci *Paolo?*	Sì,	*lo* conosco
Conosci *questo paese?*	No, non	*lo* conosco
Conosci *Carla?*	Sì,	*la* conosco
Conosci *questa città?*	No, non	*la* conosco
Conosci *Mauro e Lucio?*	Sì,	*li* conosco
Conosci *questi posti?*	No, non	*li* conosco
Conosci *Anna e Lucia?*	No, non	*le* conosco
Conosci *queste strade?*	No, non	*le* conosco

> *LO, LA, LI, LE:* sono pronomi diretti

Lessico nuovo: –

VI   *Ed ora completiamo insieme:*

> Ascolti sempre il giornale radio?
> Sì, *lo* sento ogni mattina.

1. Maria, metti questo vestito! Ti sta bene.
   D'accordo, ... metterò.

2. Quando vedrai Maria e Franca?
   .... vedrò stasera.

3. A che ora prendi il treno?
   .... prendo alle cinque.

4. Signora Galli, dove lascia la macchina di solito?
   .... lascio sotto casa.

5. Paolo non sa se cambiare lavoro o no.
   Perché qualcuno non .... consiglia?

6. Per chi compri questi dischi?
   .... compro per Marcella.

7. Dobbiamo andare a prendere Luigi.
   .... vado a prendere io.

8. Capisci questa parola?
   Sì, ... capisco.

9. Conoscete il nuovo indirizzo di Carlo?
   No, non .... conosciamo.

10. Mangi volentieri le paste?
    Sì, ... mangio volentieri.

Lessico nuovo: giornale radio.

VII *Attenzione!*

   1.

   A. *Lo* può stare anche al posto di un'intera frase:

   – Sai *che facoltà ha scelto Mauro?*

   – Sai *chi ha aiutato Lucia a trovare lavoro?*

   – Sai *dov'è un garage pubblico?*   Sì, *lo* so

   – Sai *che cosa hanno regalato a Stefano e Marta
      per il loro matrimonio?*   No, non *lo* so

   – Sai *qual è il significato di questa espressione?*

   – Sai *chi ha accompagnato Luigi all'aereoporto?*

   B. Forma di cortesia del pronome diretto

   Dico alla signora Rossi: "Signora Rossi, *LA* prego di aspettare un
   momento".

   Dico al signor Rossi: "Signor Rossi, *LA* prego di aspettare un momento".

   Come vediamo, la forma *"LA"* è usata tanto per il maschile quanto per il
   femminile.

   2. Pronomi diretti

   1. Carlo ha paura di non sentire la sveglia: *lo*   chiamerò io.

   2. Carla ha paura di non sentire la sveglia: *la*   chiamerò io.

   3. Lei, signora, ha paura di non sentire la sveglia? *La*   chiamerò io.

   4. Lei, signore, ha paura di non sentire la sveglia? *La*   chiamerò io.

   5. Carlo e Gino hanno paura di non sentire
      la sveglia: *li*   chiamerò io.

   6. Carla e Laura hanno paura di non sentire
      la sveglia: *le*   chiamerò io.

   7. Mario e Gianna hanno paura di non sentire
      la sveglia: *li*   chiamerò io.

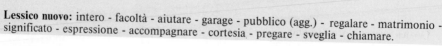

Lessico nuovo: intero - facoltà - aiutare - garage - pubblico (agg.) - regalare - matrimonio -
significato - espressione - accompagnare - cortesia - pregare - sveglia - chiamare.

3. Ora completiamo insieme:

> Signora, non *La* sento: può ripetere?

1. Signor Finzi, ... prego di tornare la prossima settimana.

2. Professore, ... invitiamo a pranzo per domani.

3. Signora, ... ringrazio molto della Sua cortesia e .... saluto.

4. Signorina, ... accompagno io in macchina.

5. Dottore, c'è una persona che .... aspetta da mezz'ora.

6. Signor Danieli, ... aiuterò io a trovare la strada.

7. Signorina, ... capisco, ma non .... posso aiutare.

8. Professore, ... ricorderò con piacere!

9. Signorina, ... vedrò domani?

10. Signor Betti, arriveder........, spero di sentir...... presto!

4. Qualche giorno dopo...

Carlo   : Che fai di bello oggi pomeriggio, Marina?

Marina: Torno in ufficio.

Carlo   : Ma è sabato!

Marina: Lo so, ma ho una decina di lettere urgenti da scrivere.

Carlo   : Pensi di finirle tutte?

Marina: No, *ne* scriverò alcune e le altre le lascerò per lunedì.

Carlo   : Allora perché non rimandi tutto a lunedì?

Marina: Forse hai ragione!

Lessico nuovo: decina - urgente - rimandare - ragione.

5. Il pronome "NE".

– Carlo, bevi tutto quel vino?
   No, non lo bevo tutto, *ne* bevo solo *un bicchiere.*
– Carlo, mangi tutti quegli spaghetti?
   No, non li mangio tutti, *ne* mangio *un piatto.*
– Carlo, fai tutta la strada a piedi?
   No, non la faccio tutta a piedi, *ne* faccio *un po'* a piedi e *un po'*
   in autobus.
– Carlo, le conosci tutte quelle persone?
   No, non *ne* conosco *nessuna.*

TUTTO		
LO	bevo	*tutto*
LA	faccio	*tutta*
LI	mangio	*tutti*
LE	conosco	*tutte*

UNA PARTE O NIENTE		
NE	bevo	*un bicchiere*
NE	faccio	*un po'*
NE	mangio	*un piatto*
NE	conosco	*poche*

LO	bevo	*tutto*

	NE bevo	*un bicchiere* *poco* *molto*
NON	NE bevo	*affatto* *per niente*

LE	conosco	*tutte*

	NE conosco	*due* *poche* *tante*
NON	NE conosco	*nessuna*

Lessico nuovo: spaghetti - piatto - parte - affatto.

6. Ora completiamo insieme:

> Quante lingue conosce, signorina?
> *Ne* conosco tre.

1. Quanti caffè prende al giorno, signorina?
   .... prendo molti.

2. Quante sigarette fuma al giorno, professore?
   .... fumo più di un pacchetto!

3. Spendete molti soldi in questa città?
   Sì, ... spendiamo molti.

4. Quanti bambini ha, signora?
   .... ho due.

5. Fa qualche sport, ingegnere?
   No, non .... faccio nessuno!

6. Hai sete?
   Sì, ... ho molta!

7. Avete molti amici qui?
   Sì, ... abbiamo abbastanza.

8. Hai esperienza in questo lavoro?
   No, non .... ho affatto.

9. Quanti giornali legge di solito, avvocato?
   .... leggo pochi.

10. Signora, conosce qualcuno dei miei fratelli?
    No, non .... conosco nessuno.

Lessico nuovo: –

7.

– Scusi, signore, ha *denaro liquido?*

– Sì, *ce l'ho.*
– No, *non ce l'ho*: non ne porto mai con me.

– Carla, hai *la patente?*

– Sì ce l'ho: eccola!
– No, *non ce l'ho:* non ho ancora compiuto diciotto anni.

– Gianni, hai tu *i miei occhiali da sole?*

– Sì, *ce li ho* io: eccoli!
– No, *non ce li ho.*

– Scusi, signorina, ha *diecimila lire* da cambiare?

– Sì, *ce le ho.*
– No, mi dispiace, *non ce le ho:* ho solo pochi spiccioli.

Ha *denaro liquido?*	Sì, *ce l'ho.*
Hai *la patente?*	No, *non ce l'ho.*
Hai *i miei occhiali da sole?*	Sì, *ce li ho.*
Ha *diecimila lire* da cambiare?	No, *non ce le ho.*

8. Completate le seguenti frasi con la domanda o con la risposta:

Domanda

1. Hai il garage?

2. ....

3. Avete una casa al mare?

4. ....

5. Signora, ha il numero di telefono di Paola?

6. ....

7. Ha spiccioli per l'autobus?

8. ....

9. Avete due buste grandi?

10. ....

Risposta

....

Sì, ce li ho: eccoli.

....

No, non ce le ho.

....

No, non ce l'ho.

....

Sì, ce l'ho: eccola!

....

Sì, ce li ho.

Lessico nuovo: denaro - liquido (agg.) - portare - patente - compiere - occhiali - spicciolo.

9. Completate le seguenti frasi secondo il modello:

> Da quanto tempo studi l'italiano?
> *Lo* studio da tre mesi.

1. Da quanto tempo conosci Paola? .... da due anni.
2. Posso pregarti di imbucare
   questa lettera? .... farò con piacere.
3. Quanti anni ha, signorina? .... diciannove.
4. Hai mille lire spicciole? Sì, ... ho.
5. Signorina, può aspettarmi
   un momento? Sì, ... aspetterò al bar.
6. Spendi molti soldi per i vestiti? Sì, ... spendo molti.
7. Se Lei non conosce il numero di telefono di Giulia .... può
   chiedere a Mauro che .... sa.
8. Signor Martini, ... ringrazio e arriveder.........
9. La bambina non sta bene: dobbiamo portar......... dal medico.
10. Sai quando torna Roberta da Parigi? No, non .... so.

10. Al telefono.

Claudio: Pronto, Pietro, sono Claudio...

Pietro : Pronto, Claudio, non *ti* sento bene. Puoi parlare più forte, per
          favore?

Claudio: *Mi* senti adesso?

Pietro : Sì, adesso *ti* sento bene: parla pure!

Claudio: Il direttore ha deciso di fare una riunione con tutti gli impiegati.
          È una questione importante. *Ci* vuole vedere tutti domani
          sera alle sei e mezzo. Vieni anche tu?

Pietro : Sì, ma ho un problema; sono senza macchina...

Claudio: Non fa niente; *ti* passo a prendere io!

Pietro : *Ti* ringrazio. A che ora *ti* aspetto?

Claudio: Alle sei, va bene?

Pietro : Va benissimo! Grazie e... ciao!

Claudio: Ciao, a domani!

Lessico nuovo: forte - direttore - riunione - impiegato - questione - importante - ci (pr. dir.).

11. Rispondete alle seguenti domande:

1. Che cosa fa Claudio?

   ....

2. Cosa dice Pietro?

   ....

3. Che cosa ha deciso il direttore?

   ....

4. Che problemi ha Pietro?

   ....

5. Che cosa farà allora Claudio?

   ....

12.

Pietro, *mi* senti?	Sì, Claudio, *ti* sento!
A che ora *mi* passi a prendere?	*Ti* passo a prendere alle sei.

13. Vediamo ora tutti i pronomi personali insieme:

Soggetto   *Oggetto diretto*

io	chiamo		*mi*	chiama (chiama me)
tu	chiami		*ti*	chiama (chiama te)
lui (egli)	chiama		*lo*	chiama (chiama lui)
lei (ella)	chiama		*la*	chiama (chiama lei)
Lei	chiama	Ada	*La*	chiama (chiama Lei)
noi	chiamiamo		*ci*	chiama (chiama noi)
voi	chiamate		*vi*	chiama (chiama voi)
loro (essi)	chiamano		*li*	chiama (chiama loro)
loro (esse)	chiamano		*le*	chiama (chiama loro)

Lessico nuovo: personale (agg.) - egli - ella - esso.
Termini tecnici: oggetto.

14. Attenzione!

Il direttore vuole veder*ci* domani.
Il direttore *ci* vuole vedere domani.

Passo a prender*ti* alle sei.
Ti passo a prendere alle sei.

Puoi chiamar*mi* a qualsiasi ora.
Mi puoi chiamare a qualsiasi ora.

Come vediamo, questi pronomi possono seguire l'infinito.
Il significato non cambia.

VIII

1. Completate le seguenti frasi secondo il modello:

> Gianni, mi senti bene adesso?
> Sì, ora *ti* sento bene!

1. Maria, mi chiami alle sette, per favore? Sì, ... senz'altro.

2. A che ora ci venite a prendere? .... alle quattro.

3. Signora, mi aiuta, per cortesia? .... volentieri, signorina.

4. Chi passerà a prendere Mario? .... noi.

5. Dove ci aspettano Carlo e Maria? .... al bar.

6. Mi ascolti un momento, per favore! D'accordo, ... signora.

7. Mario, ci accompagni alla stazione? Sì, ... subito!

8. Chi invita Marco e Laura? .... noi.

9. Che mi consiglia di fare? .... di accettare quel lavoro.

10. Signorina, prende un caffè? Sì, grazie .... volentieri!

Lessico nuovo: qualsiasi.

2. In ufficio.

Dr. Lenzi: Signorina Fedeli!

Marina   : Dica, avvocato!

Dr. Lenzi: Ha scritto quelle lettere per Milano?

Marina   : Sì, le ho scritte: sono sul Suo tavolo.

Dr. Lenzi: Ha fissato l'appuntamento con il signor Righi?

Marina   : Sì, l'ho fissato per le undici di domani.

Dr. Lenzi: Va bene!

Marina   : Poco fa L'ha cercata Sua moglie e ha detto che ritelefonerà più tardi. È anche venuta la figlia del dottor Vitali; l'ho fatta accomodare nel Suo studio.

Dr. Lenzi: Grazie, signorina! Ha cominciato a vedere le pratiche relative alle lottizzazioni in via Palermo?

Marina   : No, purtroppo; non ne ho vista nessuna; sabato ho avuto tanto da fare. Comunque comincerò a studiarle questa mattina.

Dr. Lenzi: Non importa, signorina, per ora non sono urgenti.

3. Rispondete alle seguenti domande:

1. Che cosa chiede l'avvocato Lenzi a Marina?
2. Chi ha telefonato all'avvocato?
3. Dove aspetta la signorina Vitali?
4. Perché Marina non ha studiato le pratiche sulle lottizzazioni?

4. Osservate!

A.

Ho letto

quel libro;	l'	ho lett	o	ieri
quei giornali;	li	ho lett	i	tempo fa.
quella lettera;	l'	ho lett	a	ieri sera.
quelle riviste;	le	ho lett	e	l'altro ieri.

$$l' = \begin{matrix} lo \\ la \end{matrix}$$

Lessico nuovo: fissare - ritelefonare - pratica - relativo - lottizzazione - importare - rivista.

B.

Di libri		ho letto uno
Di giornali	ne	ho letti tre
Di lettere non		ho letta nessuna
Di riviste		ho lette molte

5. Rispondete alle domande secondo il modello:

> Perché non vai a vedere quel film?
> Perché *l'*ho già vist*o*.

1. Perché non vai a vedere la mostra di Guttuso?
2. Perché non paghi il conto?
3. Perché non finisci gli esercizi?
4. Perché non scrivi le lettere?
5. Perché non dai l'esame d'inglese?
6. Perché non compri il nuovo disco di Venditti?
7. Perché non prendete il caffè?
8. Perché non leggi questo libro?
9. Perché non fai la spesa?
10. Perché non accendi il riscaldamento?

6. Come sopra:

> A Parigi hai conosciuto molt*e* person*e*?
> Sì, ne ho conosciut*e* molt*e*.

1. Al mare hai conosciuto molte ragazze?
2. Avete speso molto denaro questo mese?
3. Hai perso molti soldi al Casinò?
4. Ha invitato molte persone Carla alla sua festa?
5. Hai preso molto sole al mare quest'anno?
6. Signorina, ha fatto molta strada per arrivare qui?
7. I tuoi amici hanno avuto molti problemi per la casa?
8. Avete imparato molte parole in queste prime settimane di corso?
9. Ha ricevuto molta posta Luigi questa settimana?
10. Piero, hai visto molti spettacoli negli ultimi tempi?

Lessico nuovo: –

7. Ed ora completate le seguenti frasi:

> Hai trovato un posto per la macchina?
> Sì, l'ho parcheggiata qui vicino.

1. Ha già visto quel film, signorina? Sì, ...
2. Dove ha imbucato la lettera, signora? .... alla posta centrale.
3. Roberta è già partita? Sì, ... ho accompagnat................ ieri alla stazione.
4. Dove hai messo i mei occhiali? .... ho mess........ nella borsa.
5. Sai dove sono le mie chiavi? .... ho vist........ poco fa sul tavolo.
6. Vuole una sigaretta, signorina? No, grazie .... 'ho già fumat........ troppe.
7. Vuole bere un caffè con noi? No, grazie, ... ho bevut........ già tre stamattina.
8. Dove ha comprato questo bel vestito? .... ho comprat........ in un negozio del centro.

IX

1. Completate il seguente dialogo con le parole mancanti:

Carlo   : .... riuscita .... trovare lavoro, Marina?

Marina: Proprio ieri mi hanno offerto un ...., ma sono ancora
.... dubbio se accettarlo o ....

Carlo   : Che .... di lavoro è?

Marina: Un posto di .... nello studio di un avvocato.

Carlo   : Non è un lavoro .... grande .... ma almeno è
.... dal punto di vista ....?

Marina: No, lo .... non è alto e inoltre l'........................ di lavoro è
piuttosto ....

Carlo   : Certo, con il .... di studio che hai, puoi pretendere
qualcosa .... meglio.

Marina: .... so, ma con i tempi che .... non si può
scegliere molto.

Carlo   : Comunque è sempre .... un lavoro modesto ....
niente.

Lessico nuovo: parcheggiare.

Marina: La mia situazione .... conosci bene; ho bisogno ....
         lavorare e devo prendere quello che ....

Carlo : Proprio per questo .... consiglio di .... subito quel
         lavoro, altrimenti .... prenderà .... altro.

Marina: .... hai convinto; dovrò rassegnarmi .... fare un
         lavoro che non mi piace.

Carlo : .... fondo gli stessi svantaggi .... presentano tanti
         altri lavori, ... il mio.

Marina: Ma, almeno, tu puoi fare ....!

Carlo : Questa prospettiva per ora tu non .... hai, ma in futuro
         forse puoi .... lavoro.

Marina: Con la .... che c'è, sarà molto difficile.

2. Interviste sul lavoro.

A. – Che lavoro fa?

– Sono operaio specializzato alla Fiat di Torino.

– Il salario che prende Le basta per vivere?

– Direi proprio di no. Con il costo della vita in continuo aumento e con il
  blocco delle retribuzioni, è difficile sbarcare il lunario.

– Qual è il suo orario di lavoro?

– Sette ore al giorno, escluso il sabato pomeriggio.

– Quanti giorni di ferie ha all'anno?

– Un mese.

– Ha famiglia?

– Sì, ho moglie e due figli.

– I suoi figli studiano?

– Mio figlio ancora sì; studia all'università. Mia figlia, invece, è laureata in
  Lettere, ed è ancora disoccupata. Oggi è molto difficile trovare un posto
  come insegnante.

B. – Da quanti anni lavora in questo ufficio, signor Rossi?

– Da trent'anni.

– Non è stufo di questa routine?

– Sì, e non vedo l'ora di andare in pensione per dedicarmi al mio hobby
  preferito.

Lessico nuovo: intervista - specializzato - salario - bastare - costo - continuo - aumento - blocco
- retribuzione - sbarcare - lunario - escluso (escludere) - laureato - Lettere - disoccupato -
insegnante - stufo - pensione (andare in p.) - dedicarsi.

C. – Che lavoro fa Suo padre?
   – L'artigiano, lavora il legno.
   – È soddisfatto del suo lavoro?
   – Direi di sì: è un mestiere faticoso, ma per lui è più importante la soddisfazione personale che il guadagno.

3. Rispondete alle seguenti domande:

  1. Cosa domanda ad un amico che ha appena trovato lavoro?
  2. Lei che lavoro fa?
  3. Perché ha scelto questo lavoro?
  4. Qual è il Suo orario di lavoro?
  5. Quanti giorni di ferie ha all'anno?
  6. Se studia ancora, che tipo di professione pensa di fare in futuro?
  7. A che età si va in pensione nel Suo paese?
  8. Secondo Lei, nel lavoro sono più importanti la soddisfazione, lo stipendio o la carriera?
  9. Che tipi di lavoro preferiscono i giovani nel Suo paese?
 10. Ci sono giovani che per mantenersi agli studi fanno un lavoro part-time? Quale?
 11. Quali categorie di lavoratori guadagnano di più?
 12. Ci sono molti disoccupati nel Suo paese?

4. Dite come e perché avete scelto la professione o il lavoro che fate. Se studiate ancora, parlate della professione o del lavoro che volete fare in futuro.

X   *Test*

A. Completate le seguenti frasi con le parole mancanti:

  1. Il mio problema .... conosci bene: devo trovare un lavoro.
  2. Ti consiglio .... accettare quel lavoro, altrimenti ....
     prenderà .... altro.
  3. Signor Martini .... ringrazio, arriveder...................!
  4. Marcella, hai spiccioli per l'autobus? Sì, ... ho.
  5. Conosci una buona libreria? .... conosco una vicino a Piazza di Spagna.

Lessico nuovo: artigiano (s.) - legno - soddisfatto - mestiere - faticoso - guadagno - professione - età - mantenersi - categoria - lavoratore - guadagnare.

B. Completate le seguenti frasi con le lettere mancanti:

1. Piero è stuf........ del suo lavoro, non ved......... l'o........:a di andare in
   pe...............one.
2. Mio padre prende un buono st..........pendio.
3. Con i tempi che co...............ono, non è facil........ trovare un imp.........go.
4. Che me...............re fa tuo fratello?
5. Do...............ò rasse...............mi a fare un lavoro che non mi piace.

C. Trovate eventuali errori nelle seguenti frasi:

1. Marta e Carla non sanno decidere se prendere quell'appartamento in affitto. Li vogliamo convincere noi?
2. Sai a che ora chiudono i negozi? No, mi dispiace ma non lo so.
3. Di solito passiamo le vacanze al mare, ma l'anno prossimo le passeremo in montagna.
4. Signora, vuole un po' di aranciata? Sì, grazie, la prendo un po'.
5. Ha i biglietti per il teatro? Sì, ce ne ho!

D. Mettete in ordine le seguenti parole:

1. meglio/il/studio/hai/che/titolo/puoi/di/qualcosa/pretendere/con/di/./
2. capita/di/quello/bisogno/che/ho/e/prendere/devo/lavorare/./
3. niente/è/meglio/sempre/che/lavoro/un/modesto/./
4. le/diecimila/signorina/da/ha/ce/sì/cambiare/ho/?/lire/
5. con/lavoro/che/molto/sarà/disoccupazione/c'è/difficile/cambiare/la/./

E. Raccontate il dialogo introduttivo "In cerca di lavoro", ricordando i seguenti punti:

Marina/cercare lavoro/posto di dattilografa/dubbio/stipendio/orario di lavoro/bisogno di lavorare/accettare/prospettive di carriera/ disoccupazione/

F. Traducete nella vostra lingua il dialogo introduttivo "In cerca di lavoro" e ritraducete in italiano, confrontando, poi, con il testo originale.

Lessico nuovo: eventuale.

XI *Esercizi di ricapitolazione.*

1. Rispondete alle seguenti domande secondo il modello:

> Franco, sei mai stato a Venezia? Sì, *ci sono stato* una volta.

1. Quando torna nel Suo paese, signorina? .... tra due mesi.
2. Signora, è già stata dal medico? Sì, ... due giorni fa.
3. Carlo, vai a Roma in macchina? No, ... con il treno.
4. Franco, rimani molto tempo a Padova? Sì, ... tre anni.
5. Signora, sta bene in questa casa? No, ... bene.

2. Completate le seguenti frasi secondo il modello:

> Stasera Carla esce con *i suoi* amici.

1. Stefano e Giulia hanno due bambine. .... bambine sono Silvia e Rosetta.
2. Signora, è .... questa borsa? Sì è ....
3. È questa la macchina di Franco? No, non è .... : lui ha un'Alfa Romeo.
4. Luisa, dov'è .... madre?
5. Mario è uscito con .... ragazza.

3. Mettete al futuro le seguenti frasi, secondo il modello:

> Oggi sono occupato. Forse domani sarò libero.

1. Oggi pomeriggio Maria non è a casa. Domani, invece .... a casa.
2. Di solito la domenica rimango a casa. Anche domenica prossima .... a casa.
3. Vedo volentieri un bel film. Stasera .... un bel film alla tv.
4. Vado a casa e poi in ufficio. Fra poco .... a casa e poi in ufficio.
5. Faccio quello che posso. .... quello che ....

Lessico nuovo: –

4. Rispondete alle seguenti domande secondo il modello:

> Compri i giornali ogni mattina?
> Sì, *li* compro sempre.
> Quanti ne compri?
> *Ne* compro due o tre.

1. Chi accompagna Luisa e Carla?
   .... io!

2. Quante sigarette fuma al giorno, signorina?
   .... fumo venti.

3. Luigi, hai i cerini? Sì, ... ho, ecco ....!

4. Quando vedi Maria? .... vedrò fra poco.

5. Dove mi vuole aspettare, signorina? .... aspetto al bar.

6. Quanti figli ha, dottore? .... ho quattro.

7. Prendete il caffè anche voi, ragazzi?
   Sì, ... prendiamo volentieri!

8. Ha il passaporto, signore? Sì .... ho.

9. Chi va a prendere i bambini a scuola?
   .... va a prendere la baby-sitter.

10. Dove lascia la macchina, ingegnere?
    .... lascio al parcheggio.

Lessico nuovo: –

> A questo punto Lei conosce
> 908 parole italiane

Franco: È la prima volta che vieni in Italia, ma parli già bene. Che corso *hai frequentato?*

Susan : Un corso per principianti, perché quando *sono arrivata* qui *non sapevo* una parola d'italiano.

Franco: Complimenti! *Hai fatto* molti progressi in così poco tempo.

Susan : Grazie, ma il merito non è solo mio. Devo dire che le lezioni *erano* ottime.

Franco: *Hai avuto* l'occasione di parlare italiano anche fuori della classe?

Susan : Sì, ma per due settimane *ho avuto* molta difficoltà a capire e ad esprimere ciò che *pensavo.*

Franco: E dopo come *hai superato* questi problemi?

Susan : Con le lezioni che *seguivo* ogni giorno e con il lavoro che *ho trovato* quasi subito. *Sono arrivata* il 1° luglio e il 10 *avevo* già un lavoro. Per tre mesi *ho fatto* la baby-sitter e mentre *stavo* con i bambini *praticavo* la lingua.

Franco: *Sei stata* fortunata! Quando *lavoravi* e *studiavi, hai fatto* anche qualche gita?

Susan : Sì, ogni fine-settimana *sono andata* in una città diversa, così ora posso dire di conoscere abbastanza bene l'Italia.

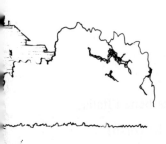

ottava unità
(unità numero otto)

l'imperfetto indicativo

Lessico nuovo: ottavo - soggiorno - frequentare - principiante - complimento - progresso - merito - ottimo - fuori - difficoltà - ciò - superare - praticare - gita.
Termini tecnici: imperfetto.

II   *Test*

	Vero	Falso
1. Quando Susan è arrivata in Italia, sapeva qualche parola d'italiano	☐	☐
2. Le prime due settimane ha avuto dei problemi con la lingua	☐	☐
3. Ha superato questi problemi solo con le lezioni	☐	☐
4. Ha trovato quasi subito un lavoro	☐	☐
5. Durante il periodo di studio e di lavoro ha fatto anche qualche gita	☐	☐

III   *Ora ripetiamo insieme:*

- Quando sono arrivata qui non sapevo una parola d'italiano.
- Per due settimane ho avuto molta difficoltà a capire.
- Ho superato questi problemi con le lezioni che seguivo ogni giorno.
- Sono arrivata il 1° luglio e il 10 avevo già un lavoro.
- Mentre stavo con i bambini praticavo la lingua.
- Ogni fine-settimana sono andata in una città diversa.

IV   *Rispondete alle seguenti domande:*

1. Che corso ha frequentato Susan?

2. Perché Franco dice che Susan è stata fortunata?

3. Che tipo di lavoro ha fatto Susan?

4. Perché ora Susan può dire di conoscere abbastanza bene l'Italia?

5. Come ha superato i problemi che aveva all'inizio del corso?

6. Ha avuto occasione di parlare italiano anche fuori della classe?

Lessico nuovo: –

V

A. Forme dell'imperfetto indicativo.

—ARE	—ERE	—IRE
lavor*are*	sap*ere*	cap*ire*

	—ARE	—ERE	—IRE
io	lavorAVO	sapEVO	capIVO
tu	lavorAVI	sapEVI	capIVI
lui lei	lavorAVA	sapEVA	capIVA
noi	lavorAVAMO	sapEVAMO	capIVAMO
voi	lavorAVATE	sapEVATE	capIVATE
loro	lavorAVANO	sapEVANO	capIVANO

B. Osservate!

1. Per tre mesi *ho fatto* la baby-sitter.
2. *Hai fatto* molti progressi in così poco tempo.
3. Che corso *hai frequentato?*
4. Per due settimane *ho avuto* molta difficoltà...
5. *Sono arrivata* il 1° luglio.

perfetto (pass. pross.)

tutta l'azione

(che cosa è accaduto)

1. Il 10 luglio *avevo* già un lavoro.

2. Mentre *stavo* con i bambini *praticavo* la lingua.

imperfetto

un momento dell'azione

(che cosa accadeva *in quel momento*)

1. Quando *sono arrivata* qui *non sapevo* una parola d'italiano.

2. Per due settimane *non sono stata* in grado di esprimere ciò che *pensavo*.

3. Quando *lavoravi* e *studiavi, hai fatto* anche qualche gita?

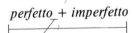

perfetto + imperfetto

Lessico nuovo: accadere - grado (essere in g.).

1. Completate i dialoghi secondo il modello:

> Ieri *ho lavorato* fino alle sette.
> Io, invece, alle sette *lavoravo* ancora.

| | ore 7 |
| | ore 7 |

1. Ieri ho dormito fino alle nove.

....

2. Ieri ho studiato fino alle due.

....

3. Ieri ho aspettato fino alle dieci.

....

4. Ieri ho letto fino alle undici.

....

5. Ieri ho passeggiato fino alle otto.

....

2. Come sopra:

> Per quattro anni Carla *ha studiato* e *ha lavorato* come baby-sitter.
> Infatti, quando l'ho conosciuta, *studiava* e *lavorava* come baby-sitter.

1. Per un anno Giulio ha abitato a Bologna e ha lavorato a Firenze.
   Infatti, quando l'ho conosciuto, ...

2. Per qualche anno Franco ha fumato e ha bevuto troppo.
   Infatti, quando l'ho conosciuto, ...

3. Per dieci anni Sergio ha avuto un negozio e ha guadagnato molto.
   Infatti, quando l'ho conosciuto, ...

4. Per tanto tempo Paola è stata senza lavoro ed ha avuto problemi economici.
   Infatti, quando l'ho conosciuta, ...

Lessico nuovo: infatti.

5. Per alcuni mesi Giorgio è vissuto con Lucia ed è andato d'accordo con lei.

   Infatti, quando l'ho conosciuto, ...

6. Per cinque settimane Lucia ha frequentato un corso d'inglese ed ha studiato molto.

   Infatti, quando l'ho conosciuta, ...

7. Per sei mesi Remo è stato male e ha fatto una cura molto forte.

   Infatti, quando l'ho conosciuto, ...

8. Per diversi anni Luca ha abitato in centro e ha pagato molto d'affitto.

   Infatti, quando l'ho conosciuto, ...

9. Per alcune settimane Gina ha preso l'autobus per andare in ufficio e non ha avuto problemi di parcheggio.

   Infatti, quando l'ho conosciuta, ...

10. Per tre anni Sandro è dovuto andare a Roma ogni settimana e ha speso molto.

    Infatti, quando l'ho conosciuto, ...

C. Il perfetto si usa:

a) Quando vogliamo presentare *tutta* l'azione passata, e non un solo momento di essa.

   Per tre mesi *ho fatto* la baby-sitter.

l'imperfetto si usa:

a) Quando vogliamo presentare *un solo momento* di una o più azioni passate.

   Il 10 luglio *facevo* già la baby-sitter.

| luglio | agosto | settembre |

| 10 luglio | agosto | settembre |

ho fatto   *facevo*

quindi:

Ogni azione passata, proprio perché è *già finita,* si può esprimere con il *perfetto,* se ci interessa dire soltanto ciò che è accaduto.

Se, invece, vogliamo dire che cosa *accadeva* in un dato momento, usiamo, per la stessa azione, *l'imperfetto;*

cioè:

perfetto: che cosa è *accaduto*

imperfetto: che cosa *accadeva* in quel momento.

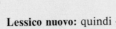

Lessico nuovo: quindi - dato - cioè.

b) Quando vogliamo presentare più azioni passate, accadute una dopo l'altra, e non ci interessa dire che le abbiamo fatte per abitudine.

Ogni fine-settimana *sono andata* in una città diversa.

È la somma di più azioni passate, accadute una dopo l'altra.

b) Quando vogliamo presentare più azioni passate, accadute una dopo l'altra, e ci interessa dire che le abbiamo fatte *per abitudine*.

Ogni fine-settimana *andavo* in una città diversa.

È la somma di più azioni passate, accadute una dopo l'altra, ma con una informazione in più: quelle azioni le abbiamo fatte *per abitudine*.

1. Rispondete alle domande secondo il modello:

> Che *facevi di solito* la sera?
> *Uscivo* con gli amici.   (uscire)

1. Che *facevi di solito* la domenica?
.... in casa.   (restare)

2. Che *facevi di solito* in montagna?
.... molto.   (camminare)

3. Che *facevi di solito* durante le vacanze?
.... tante ore.   (dormire)

4. Che *facevi di solito* il fine-settimana?
.... fuori città.   (andare)

5. Che *facevi di solito* quando non uscivi?
.... la musica.   (ascoltare)

Lessico nuovo: abitudine - somma.

2. Completate le frasi secondo il modello:

> L'estate scorsa noi *siamo andati* al mare *tutti i fine-settimana.*   (andare)

1. Il mese scorso Paola .... a pranzo   (invitare)
   Giulio *tutte le domeniche.*

2. Da giovane Luigi .... *spesso* lavoro.   (cambiare)

3. In quel periodo loro .... di casa   (uscire)
   tutte le mattine alle otto.

4. L'anno scorso Carla .... *spesso* dai nonni.   (dormire)

5. Due anni fa Franco e Remo .... *quasi*   (studiare)
   tutti i giorni insieme.

3. Come sopra:

> L'estate scorsa noi *andavamo* al mare *tutti i fine-settimana*   (andare)

1. Il mese scorso Paola .... a pranzo   (invitare)
   Giulio *tutte le domeniche.*

2. Da giovane Luigi .... *spesso* lavoro.   (cambiare)

3. In quel periodo loro .... di casa   (uscire)
   tutte le mattine alle otto.

4. L'anno scorso Carla .... *spesso* dai nonni. (dormire)

5. Due anni fa Franco e Remo .... *quasi*   (studiare)
   tutti i giorni insieme.

Lessico nuovo: –

D. Quando parliamo al passato, nella frase possono esserci:

    a) perfetto + perfetto

    b) imperfetto + imperfetto

    c) perfetto + imperfetto / imperfetto + perfetto

1. perfetto + perfetto

    a) Ieri sera, prima *ho mangiato* e poi *ho guardato* la tv.

                                                  prima + poi

                                                    1   2

    b) Ieri sera *ho mangiato* e nello stesso tempo *ho guardato* la tv.

                                            ho mangiato

                                            ho guardato

Nel caso b) le due azioni (ho mangiato, ho guardato), anche se fatte nello stesso tempo, sono presentate per intero: PERFETTO.

2. imperfetto + imperfetto

    a) Ieri sera, mentre *mangiavo, guardavo* la tv.

                                            mangiavo

    b) Di solito, mentre *aspettavo* l'autobus *leggevo* il giornale.

                                            guardavo

Non voglio dire, come nel caso 1.b., che cosa *ho fatto;* voglio dire, invece, che cosa *facevo* in un dato momento o che cosa *facevo* per abitudine: IMPERFETTO.

Attenzione!

1) Di solito, mentre *aspettavo* l'autobus, *leggevo* il giornale.
   (= cosa facevo in un dato momento per abitudine).
2) Stamattina, mentre *aspettavo* l'autobus, *leggevo* il giornale.
   (= cosa facevo in un dato momento).
3) Stamattina, mentre *aspettavo* l'autobus, *ho letto* il giornale.
   (= cosa ho fatto per intero: ho letto *tutto* il giornale).

Lessico nuovo: –

3. perfetto + imperfetto / imperfetto + perfetto

a) Ieri sera, mentre *passeggiavo, ho incontrato* Paolo.

b) Ieri sera *ho incontrato* Paolo mentre *passeggiavo.*

Usiamo l'imperfetto per l'azione che è cominciata prima dell'altra (al perfetto).

Nota: Con i verbi che descrivono aspetti/stati fisici o psichici si preferisce, di solito, *l'imperfetto:*

     Es.:   Da bambino *portava* già gli occhiali da vista.
           In quel periodo *ero* sempre stanco.
           Aveva una barba lunga di dieci giorni.
           Allora lei *era* contenta del suo lavoro.

4. Mettete i verbi fra parentesi al tempo passato conveniente:

> Mentre *guardavo* la televisione, *parlavo*   (guardare/parlare)
> con Lucia.

1. Mentre Carlo .... la lezione, ... (seguire/scrivere)
   sul foglio.

2. Mentre Laura e Sandra .... al sole, ... (stare/leggere)
   .... il giornale.

3. Mentre .... Roberto, ... ad altro. (io-ascoltare/pensare)

4. Mentre Franco e Sergio .... in ufficio, (andare/parlare)
   .... di calcio.

5. Mentre Giulio .... l'autobus, ... (aspettare/fumare)
   una sigaretta dopo l'altra.

Lessico nuovo: incontrare - nota - descrivere - aspetto - fisico - psichico - barba - lungo - contento - parentesi.

5. Come sopra:

| Mentre *andavo* in centro, *ho incontrato* Carla. | (andare/incontrare) |

1. Mentre Maria .... l'autobus, ... (aspettare/vedere)
   Paola.

2. Mentre Rita .... la musica, ... una (ascoltare/scrivere)
   lettera.

3. Mentre (noi) .... il sole, ... (prendere/leggere)
   tutto il giornale.

4. Mentre (loro) ...., ... una (mangiare/ricevere)
   telefonata da Roberto.

5. Mentre Carlo .... a casa, ... (tornare/pensare)
   di passare da Luisa.

6. Come sopra:

| Quando Mario *è arrivato,* io non *dormivo* ancora. | (arrivare/dormire) |

1. Quando mio nonno ...., io non .... (morire/andare)
   ancora a scuola.

2. Quando Renato .... a lavorare, non .... (cominciare/avere)
   .... ancora vent'anni.

3. Quando noi ...., non .... (partire/piovere)
   ancora forte.

4. Quando Laura .... a vivere a Torino, (andare/conoscere)
   non .... ancora nessuno lì.

5. Quando Sandro e Lucio .... per (partire/parlare)
   l'Australia, non .... ancora bene l'inglese.

Lessico nuovo: –

E. Per le ragioni che abbiamo spiegato, con le varie espressioni di tempo si usa ora l'una ora l'altra forma del passato.

1. Si usa il *perfetto* con espressioni del tipo: "tutto il giorno" (il mese, l'anno, ecc.); "per un anno" (un mese, una settimana ecc.); "da .... a"; "fino a ..."; "una volta"; "molte volte"; ecc.:

> Es.: Ieri *siamo rimasti* **tutto il giorno** a casa.
>
> *Ho lavorato* **per un anno** in un ufficio.
>
> *Sono stata* a Parigi **da** gennaio **a** marzo.
>
> *Ho letto* **fino a** mezzanotte.
>
> In quel periodo *siamo usciti* **molte volte** insieme.

2. Si usa l'*imperfetto* con espressioni del tipo: "mentre"; "nel momento in cui"; "a quest'ora"; (a quell'ora); "da due anni"; (mesi, settimane, giorni, ecc.):

> Es.: **Mentre** *andavo* in centro, ho incontrato Luigi.
>
> Paolo è arrivato **nel momento in cui** noi *andavamo* via.
>
> Ieri **a quest'ora** *eravamo* ancora a Firenze.
>
> *Lavoravo* **da** ben **due anni** quando ho fatto la prima vacanza.

3. Si usano tutti e due i tempi (*perfetto* e *imperfetto*) con espressioni del tipo: "quando"; "sempre"; "mai"; "tutti i giorni"; (i mesi, gli anni ecc.); "ogni volta"; "tutte le volte"; "allora"; "di solito"; "spesso"; ecc.:

> Es.: **Quando** Luisa *è partita*, la madre è rimasta sola. (quando = dopo che)
> **Quando** lui *parlava*, nessuno l'ascoltava.   (quando = ogni volta che; nel momento in cui...)
>
> Maria *è andata* **sempre** bene a scuola.
> Da giovane *viaggiavo* **sempre** in moto.
>
> Non *ho* **mai** *visto* Venezia.
> In quel periodo *non facevo* **mai** tardi la sera.
>
> Per andare a Roma *ho preso* **ogni volta** il treno.
> Ricordo che Marco *arrivava* **ogni volta** in ritardo.

Lessico nuovo: vario.

In quel periodo *sono uscito* **tutti i giorni** con Maria.
Per andare in ufficio *prendevo* **tutti i giorni** l'autobus.

Avevo troppo da fare, **allora** *ho deciso* di restare a casa.

(allora = perciò, quindi)

Allora *abitavo* in periferia e la sera non uscivo quasi mai.

(allora = in quel periodo)

VI

1. Completate i dialoghi secondo il modello:

> Quando ha comprato la macchina?
> Il 28 dicembre.
> Ha fatto un affare!
> Sì, perché all'inizio dell'anno *costava* già di più.   (costare)

1. Quando ha cominciato il corso, signorina?
   Il 1° aprile.
   Ha imparato subito l'italiano?
   Sì, alla fine del primo mese .... già   (parlare)
   abbastanza bene.

2. Quando sei tornato?
   Alle dieci.
   Sei andato subito a letto?
   Sì, alle undici .... già.   (dormire)

3. Quando siete partiti per le vacanze?
   Il 1° luglio alle sei di mattina.
   Siete andati subito al mare?
   Sì, alle dieci .... già sulla spiaggia. (stare)

4. Quando hai cominciato a sciare, Luisa?
   Quando ero molto piccola.
   Hai imparato subito?
   Sì, a cinque anni .... già sciare.   (sapere)

5. Quando hai finito gli studi?
   Il 30 luglio.
   Hai trovato subito un lavoro?
   Sì, il 1° settembre .... già.   (lavorare)

Lessico nuovo: periferia.

2. Rispondete alle domande secondo il modello:

> *Hai lavorato* anche sabato, Lucio?
> Sì, *ho lavorato tutto il giorno.*

1. Hai dormito oggi pomeriggio, Maria?
   Sì, ... *un'ora.*

2. Ha fatto già qualche lavoro, signorina?
   Sì, ... la baby-sitter *per sei mesi.*

3. Avete letto fino a tardi?
   Sì, ... *fino a mezzanotte.*

4. Hai passato le vacanze al mare?
   Sì, ... *tre settimane* a Rimini.

5. Ha aspettato molto ieri sera, signora?
   Sì, ... *più di un'ora.*

3. Mettete i verbi fra parentesi al tempo passato conveniente:

> Franca *è andata* subito a letto, perché
> *aveva* sonno.   (andare/avere)

1. Sandra .... a casa, perché .... (rimanere/stare)
   poco bene.

2. Sergio .... tardi, perché non .... (arrivare/trovare)
   la strada.

3. I miei amici .... in treno, perché (venire/preferire)
   .... viaggiare di notte.

4. Marco .... tutte le finestre, perché (aprire/sentire)
   .... troppo caldo.

5. Luisa .... a mano, perché non (scrivere/avere)
   .... la macchina da scrivere.

Lessico nuovo: –

4. Ed ora trasformate le frasi dell'esercizio secondo il modello:

> Franca è andata a letto, perché aveva sonno.
> Franca aveva sonno, perciò è andata a letto.

1. Sandra è rimasta a casa, perché stava poco bene.

   ....

2. Sergio è arrivato tardi, perché non trovava
   la strada.

   ....

3. I miei amici sono venuti in treno, perché
   preferivano viaggiare di notte.

   ....

4. Marco ha aperto tutte le finestre, perché
   sentiva troppo caldo.

   ....

5. Luisa ha scritto a mano, perché non aveva
   la macchina da scrivere.

   ....

VII   *Soltanto pochi verbi hanno le forme dell'imperfetto diverse da quelle che abbiamo visto al punto V.A.:*

1. ESSERE

Mi		io	ERO	
Ti		tu	ERI	
Lo		lui		
La cercavano al bar, ma	lei	ERA	già a casa
La		Lei		
Ci		noi	ERAVAMO	
Vi		voi	ERAVATE	
Li		loro	ERANO	

Lessico nuovo: -

2. FARE (← FACERE)

	FACEVO	
	FACEVI	
Mentre	FACEVA	colazione, ha cominciato a piovere
	FACEVAMO	
	FACEVATE	
	FACEVANO	

3. DIRE (← DICERE)

	DICEVO	
	DICEVI	
Mentre	DICEVA	le solite cose, nessuno ascoltava
	DICEVAMO	
	DICEVATE	
	DICEVANO	

4. TRADURRE (← TRADUCERE)

	TRADUCEVO	incontravo	
	TRADUCEVI	incontravi	
Mentre	TRADUCEVA	incontrava	spesso parole difficili
	TRADUCEVAMO	incontravamo	
	TRADUCEVATE	incontravate	
	TRADUCEVANO	incontravano	

5. BERE (← BEVERE)

	ero		BEVEVO	il vino del Reno
	eri		BEVEVI	il vino del Reno?
Quando	era	in Germania	BEVEVA	il vino del Reno
	eravamo		BEVEVAMO	il vino del Reno
	eravate		BEVEVATE	il vino del Reno?
	erano		BEVEVANO	il vino del Reno

Lessico nuovo: –

VIII

1. **Mettete i verbi fra parentesi al tempo passato conveniente:**

> Ieri sera io non *sono uscito* perché *ero*
> troppo stanco.   (uscire/essere)

1. Quando noi .... in Inghilterra,   (essere/bere)
   .... di solito il tè.

2. Io non .... bene il francese, perché   (imparare/tradurre)
   .... sempre dalla mia lingua.

3. Mentre Carla .... la spesa, Giulio   (fare/andare)
   .... a prendere la macchina.

4. Prima di partire Gianni .... che   (dire/andare)
   .... a Milano per cercare lavoro.

5. Sergio e Franco .... in ritardo, perciò   (essere/cominciare)
   gli altri .... a mangiare.

2. **Rispondete alle domande secondo il modello:**

> Quando hai conosciuto Piero?
> Tanti anni fa, quando (io) *facevo* ancora   (fare)
> l'università.

1. Quando hai visto quel film?
   Alcuni mesi fa, quando .... in vacanza.   (essere)

2. Quando sei stato al mare, Franco?
   La settimana scorsa, quando ....   (fare)
   tanto caldo.

3. Perché hai lasciato il tuo ragazzo. Maria?
   Perché .... troppo.   (bere)

4. Perché sei uscito quando parlava Luisa?
   Perché .... le solite cose.   (dire)

5. Perché ieri siete venuti a piedi?
   Perché .... lo sciopero degli autobus.   (esserci)

Lessico nuovo: –

3. Completate le frasi secondo il modello:

> Giulio *provava* molto dolore, ma non
> diceva niente.   (provare)

1. Carla .... molto stanca, perciò è andata   (essere)
   a letto presto.

2. Dopo la passeggiata Franco e Mario ....   (avere)
   molta fame.

3. Laura è tornata subito a casa, perché .... (sentire)
   freddo.

4. Sergio .... male, perciò ha chiamato   (stare)
   il medico.

5. .... paura di arrivare in ritardo, quindi (avere)
   abbiamo preso un taxi.

4. Completate la storia di Ferdinando, usando i verbi al passato (perfetto e imperfetto):

Come al solito, anche ieri mattina la sveglia (suonare) .... presto.

Appena (sentirla) ...., Ferdinando (andare) .... a svegliare il

figlio che (dovere) .... andare a scuola.

Il bambino (guardare) .... fuori e (vedere) .... che (cadere)

.... la neve, perciò (pregare) .... il padre di lasciarlo dormire

ancora.

Ferdinando, ancora mezzo addormentato, (entrare) .... nel letto del

bambino e (continuare) .... a dormire anche lui.

Lessico nuovo: provare - dolore - storia - svegliare - addormentato.

IX

1. Osservate!

A.
Ho dovuto
Ho potuto   prendere il treno delle sette. = l'ho preso
Ho voluto

Siamo dovuti
Siamo potuti   rimanere ancora un po'.   = siamo rimasti
Siamo voluti

B.
Dovevo
Potevo   prendere il treno delle sette   =
Volevo

1) e l'ho preso.

2) ma non l'ho preso.

Dovevamo
Potevamo   rimanere ancora un po'   =
Volevamo

1) e siamo rimasti.

2) ma non siamo rimasti.

Nota: Il perfetto (passato prossimo) è sufficiente a comunicare che l'azione
è veramente accaduta. Con l'imperfetto, invece, dobbiamo completare
la frase, altrimenti non è chiaro se l'azione è accaduta o no.

2. "sapere" e "conoscere" al passato:

– Sapevi che Franca ha avuto
un bambino?

– Sì, lo sapevo.

– Conoscevi già la ragazza
di Fred?

– Sì, la conoscevo.

– Come hai saputo che Franca ha
avuto un bambino?

– L'ho saputo dalla madre.

– Quando hai conosciuto la ragazza
di Fred?

– L'ho conosciuta l'anno scorso a
Livorno.

Lessico nuovo: sufficiente - comunicare.

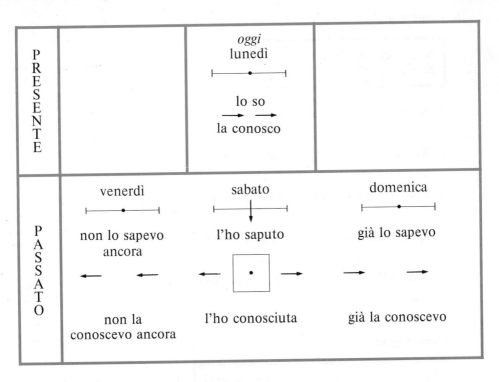

2.a. Completate i dialoghi secondo il modello:

> Lucio è partito.
> Lo sapevo: l'ho saputo da Luisa.

1. Marco sta male.
   .... da Gina.

2. Anna ha trovato lavoro.
   .... da Franco.

3. Giulio ritorna fra tre giorni.
   .... da suo fratello.

4. Carla aspetta un bambino.
   .... da suo marito.

5. Mario ha comprato la macchina.
   .... da Laura.

Lessico nuovo: –

b. Come sopra:

> Sapevi che Lucio è partito?
> Sì, l'ho saputo stamattina.

1. Sapevi che Marco sta male?

   ....

2. Sapevi che Anna ha trovato lavoro?

   ....

3. Sapevi che Giulio ritorna fra tre giorni?

   ....

4. Sapevi che Carla aspetta un bambino?

   ....

5. Sapevi che Mario ha comprato la macchina?

   ....

c. Come sopra:

> Perché non hai ascoltato quella storia?
> Perché la conoscevo già.

1. Perché non hai scelto la Sicilia per le vacanze?

   ....

2. Perché non hai comprato quel disco?

   ....

3. Perché non hai provato quelle sigarette?

   ....

4. Perché non hai chiesto l'indirizzo?

   ....

5. Perché non hai visitato gli Uffizi?

   ....

Lessico nuovo: –

d. Come sopra:

> Conoscevi anche tu quella ragazza?
> Sì, l'ho conosciuta pochi giorni fa.

1. Conoscevi anche tu il signor Neri?
   ....

2. Conoscevi anche tu il fratello di Laura?
   ....

3. Conoscevi anche tu la madre di Marco?
   ....

4. Conoscevi anche tu le amiche di Pietro?
   ....

5. Conoscevi anche tu i signori Petrini?
   ....

3. Completate il seguente dialogo con le parole mancanti:

Franco: È la prima volta che vieni in Italia, ma parli già bene. Che corso ....
...................................?

Susan : Un corso per principianti, perché quando .... qui non ....
.... una parola d'italiano.

Franco: ....! Hai fatto molti .... in così poco tempo.

Susan : Grazie, ma il .... non è solo mio. Devo dire che le lezioni
erano ....

Franco: .... l'occasione di parlare italiano anche fuori della classe?

Susan : Sì, ma per due settimane .... molta difficoltà a capire e ad
esprimere ciò che ....

Franco: E dopo come .... questi problemi?

Susan : .... le lezioni che .... ogni giorno e con il lavoro
che .... quasi subito. .... il 1° luglio e il 10 ....
già un lavoro. Per tre mesi .... la baby-sitter e mentre stavo
con i bambini .... la lingua.

Franco: .... fortunata! Quando lavoravi e studiavi .... anche
qualche ....?

Susan : Sì, ogni fine-settimana .... in una città diversa, così ora
posso dire di conoscere .... bene l'Italia.

Lessico nuovo: –

4. Rispondete alle seguenti domande:

1. Lei vuole fare i complimenti ad una persona straniera che parla bene l'italiano. Cosa Le dice?

2. Cosa risponde ad una persona che dice che Lei parla già bene l'italiano?

3. Lei ha l'occasione di parlare italiano anche fuori della classe? Perché?

4. I primi tempi Lei ha sicuramente avuto dei problemi con la lingua italiana; quali?

5. Ha ancora quei problemi o li ha superati?

6. Perché ha scelto di studiare l'italiano?

7. Quando ha cominciato a studiarlo conosceva già qualche parola?

8. Conosce l'Italia?

9. Ha qualche persona amica in Italia? Se sì, come e quando l'ha conosciuta?

10. Prima dell'italiano ha studiato un'altra lingua straniera? Quale? Per quanto tempo?

5. Raccontate un vostro soggiorno di studio in un paese straniero. Se non avete fatto questa esperienza, parlate delle vostre impressioni sullo studio dell'italiano nel vostro paese.

Lessico nuovo: –

X **Test**

A. Fate un segno (x) in corrispondenza della risposta giusta:

1. Oggi sto bene perché dormivo fino alle undici. (a)
   Oggi sto bene perché ho dormito fino alle undici. (b)
   Oggi sto bene perché sono dormito fino alle undici. (c)

2. Ho aspettato già due ore quando è arrivata Maria. (a)
   Aspettavo già da due ore quando è arrivata Maria. (b)
   Ho aspettato già da due ore quando è arrivata Maria. (c)

3. Ieri a quest'ora il bambino dormiva ancora. (a)
   Ieri a quest'ora il bambino ha dormito ancora. (b)
   Ieri a quest'ora il bambino è dormito ancora. (c)

4. Ieri siamo rimasti a casa tutto il giorno. (a)
   Ieri rimanevamo a casa tutto il giorno. (b)
   Ieri abbiamo rimasto a casa tutto il giorno. (c)

5. L'anno scorso andavo una sola volta a Roma. (a)
   L'anno scorso ho andato una sola volta a Roma. (b)
   L'anno scorso sono andato una sola volta a Roma. (c)

6. L'anno scorso andavo molte volte a Milano. (a)
   L'anno scorso ho andato molte volte a Milano. (b)
   L'anno scorso sono andato molte volte a Milano. (c)

7. Non sono venuta perché non avevo soldi. (a)
   Non sono venuta perché non ho avuto soldi. (b)
   Non venivo perché non ho avuto soldi. (c)

8. Perché non sei andato ad Assisi? Perché l'ho conosciuta già. (a)
   Perché non sei andato ad Assisi? Perché la conoscevo già. (b)
   Perché non andavi ad Assisi? Perché l'ho conosciuta già. (c)

9. Carla è partita? Sì, doveva partire questa mattina. (a)
   Carla è partita? Sì, ha dovuta partire questa mattina. (b)
   Carla è partita? Sì, è dovuta partire questa mattina. (c)

10. Giulio è partito? No, è dovuto partire, ma poi è rimasto a casa. (a)
    Giulio è partito? No, doveva partire, ma poi è rimasto a casa. (b)
    Giulio è partito? No, doveva partire, ma poi rimaneva a casa. (c)

Lessico nuovo: -

B. Trovate eventuali errori nelle seguenti frasi:

1. Tre anni fa rimanevo senza lavoro per otto mesi.
2. Quando siamo arrivati qui non abbiamo conosciuto ancora nessuno.
3. La notte passata andavo a letto alle due.
4. Quando Giovanna era piccola stava spesso con i nonni.
5. Lucio ha imparato l'inglese quando aveva sedici anni.
6. Ieri, mentre aspettavo il treno, leggevo tutto il giornale.
7. Da chi hai saputo che Carlo è a Venezia?
8. Ho dovuto telefonare a Sergio, ma non c'era un telefono.
9. Avevo sonno, perciò ho preso un caffè.
10. Quando Franco è partito era ancora notte.

C. Completate il testo con le parole mancanti:

Susan .... un corso per principianti, perché quando .... in
Italia non .... una parola .... italiano. Per due settimane ....
molta difficoltà a capire e ad esprimere ciò che ....
fortunata, perché .... quasi subito un lavoro. Infatti ....
il 1° luglio e il 10 .... già la baby-sitter. Quando lavorava e studiava
.... anche diverse gite, così ora conosce .... bene l'Italia.

D. Raccontate il dialogo introduttivo "Soggiorno di studio in Italia", ricordando i seguenti punti:

Susan / corso per principianti / molti progressi / molta difficoltà / superare
problemi / lezioni / lavoro / gite

E. Traducete nella vostra lingua il seguente testo e ritraducete in italiano, confrontando, poi, con il testo originale:

Sabato scorso Luisa è tornata tardi dal lavoro, perciò non aveva voglia di
andare alla festa a casa di Paolo. Ha telefonato per dire che non poteva
uscire, ma quando ha saputo che c'era Luigi, ha cambiato idea e ci è andata.
Quando è arrivata c'erano già molte persone. Alcune le conosceva già,
altre le ha conosciute in quella occasione. Ha passato una bella serata ed è
stata contenta di vedere i vecchi amici e di conoscere gente nuova.

Lessico nuovo: voglia.

F. Fate il VI test.

XI

«Come si dice»

mentre — durante

a) MENTRE *c'era* la guerra era difficile trovare cose da mangiare.

b) DURANTE *la guerra* era difficile trovare cose da mangiare.

- *Mentre* pranzavamo abbiamo parlato del più e del meno.
- *Mentre* stavamo in Italia abbiamo imparato un po' d'italiano.

- *Mentre* passeggiavamo abbiamo incontrato alcuni amici.

- *Durante* il pranzo abbiamo parlato del più e del meno.
- *Durante* i mesi passati in Italia abbiamo imparato un po' d'italiano.

- *Durante* la passeggiata abbiamo incontrato alcuni amici.

```
Mentre c'era la guerra.....
       pranzavamo.....
       stavamo in Italia.....
       passeggiavamo.....
```

```
Durante la guerra.....
        il pranzo.....
        i mesi passati.....
        la passeggiata.....
```

```
mentre + verbo
```

```
durante + nome
```

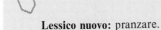

Lessico nuovo: pranzare.

A questo punto Lei conosce
951 parole italiane

I   *In giro per acquisti*

Signora Rossi: Vorrei vedere una camicia per mio figlio.

Commessa : Di che colore?

Signora Rossi: Non saprei .....

Commessa : *Le* consiglio il colore rosa. Se Suo figlio segue la moda, *gli* piacerà senz'altro.

Signora Rossi: Ma il rosa non è un colore un po' troppo da donna?

Commessa : Prima era così, ma ora i giovani non badano a queste cose: *gli* piace la moda unisex.

Signora Rossi: Mio figlio preferisce le camicie sportive e questa *mi* sembra piuttosto elegante.

Commessa : Se è così, può prender*gli* una camicia a mezze maniche.

Signora Rossi: Vediamo!

Commessa : Ecco: c'è questa camicia a quadri. Come *Le* sembra?

Signora Rossi: Secondo me può andar bene; la prendo.

Commessa : *Le* occorre nient'altro?

Signora Rossi: Sì, *mi* interessa una gonna blu per mia figlia.

Commessa : Che taglia porta?

Signora Rossi: La quarantaquattro.

Commessa : Ora *Le* faccio vedere i modelli che abbiamo.

Signora Rossi: È ancora una ragazzina, ma *le* piace il classico.

Commessa : Allora *le* andrà bene una gonna a pieghe come questa, non crede?

Signora Rossi: Sì, è carina e anche la stoffa *mi* sembra di ottima qualità.

Commessa : Infatti è di pura lana. Vedrà che Sua figlia resterà contenta.

Signora Rossi: Speriamo!

pronomi indiretti

Lessico nuovo: nono - acquisto - camicia - commesso - rosa (agg.) - moda - donna - badare - gli (= a lui, a loro) - sportivo - elegante - manica - quadro - occorrere - taglia - piega - carino - stoffa - qualità - puro - lana.
Termini tecnici: indiretto.

II *Test*

	Vero	Falso
1. La signora Rossi chiede di vedere una camicia rosa per suo figlio	☐	☐
2. Il figlio della signora Rossi preferisce le camicie eleganti	☐	☐
3. La commessa consiglia alla signora una camicia a mezze maniche	☐	☐
4. La signora decide di prendere una camicia a quadri	☐	☐
5. Per sua figlia sceglie una gonna blu a pieghe	☐	☐

III *Ora ripetiamo insieme:*

- Vorrei vedere una camicia per mio figlio.
- Le consiglio il colore rosa. Gli piacerà senz'altro.
- Può prendergli una camicia a mezze maniche.
- Mi interessa anche una gonna blu per mia figlia.
- È ancora una ragazzina, ma le piace il classico.

IV *Rispondete alle seguenti domande:*

1. Che cosa vuol vedere la signora Rossi?
2. Perché la commessa consiglia il colore rosa?
3. Che genere di moda preferiscono i giovani d'oggi?
4. Che tipo di camicia prende la signora Rossi?
5. Che cosa vuol vedere la signora per sua figlia?
6. Che taglia porta la figlia della signora?
7. Perché la signora Rossi prende la gonna a pieghe?

Lessico nuovo: –

V

A me interessa una gonna blu.	= *Mi* interessa una gonna blu.
A te piace il colore rosa?	= *Ti* piace il colore rosa?
A mio figlio piacciono le camicie sportive.	= *Gli* piacciono le camicie sportive.
A mia figlia piace il classico.	= *Le* piace il classico.
A Lei, consiglio il colore nero, signore.	= *Le* consiglio il colore nero, signore.
A Lei, consiglio il colore rosa, signora.	= *Le* consiglio il colore rosa, signora.
A noi piace questa camicia di seta.	= *Ci* piace questa camicia di seta.
A voi piace questa stoffa?	= *Vi* piace questa stoffa?
A Carla e Maria piace la moda unisex. *A Giorgio e Carlo* piace la moda unisex.	= *Gli* piace la moda unisex.

Pronomi indiretti

tonici		atoni
a me	=	mi
a te	=	ti
a lui	=	gli
a lei	=	le
a Lei	=	Le
a noi	=	ci
a voi	=	vi
a loro	=	gli

Osservate!

– *Ai giovani* d'oggi piace la moda unisex?

– Sì, gli piace / piace loro molto.

Lessico nuovo: seta.
Termini tecnici: tonico - atono.

VI

1. Trasformate le seguenti frasi secondo il modello:

> *A noi* sembra troppo caro.
> *Ci* sembra troppo caro.

1. A noi sembra molto elegante.

   ....

2. A me piace poco.

   ....

3. A te dice sempre tutto.

   ....

4. A Lei consiglio una camicia a quadri, signore.

   ....

5. A lei racconterò tutto quando torno.

   ....

6. A loro regalerò dei dischi italiani.

   ....

7. A voi interessa una macchina da scrivere?

   ....

8. A lui piacciono le moto sportive.

   ....

9. A me occorrono centomila lire.

   ....

10. A voi manca molto per finire?

   ....

Lessico nuovo: –

2. Rispondete alle domande:

> Carlo, hai scritto a Luigi?
> Sì, *gli* ho scritto.

1. Carlo, hai telefonato a Mario?

   ....

2. Carlo, hai risposto a Gianni e Marisa?

   ....

3. Carlo, hai telefonato a Giovanna?

   ....

4. Carlo, hai scritto a Laura e Paola?

   ....

5. Carlo, hai risposto al signor Bassi?

   ....

3. Come sopra:

> Che cosa hai regalato a Luigi?
> *Gli* ho regalato un libro.

1. Che cosa hai chiesto a Carlo?
   .... un disco.

2. Che cosa hai comprato a tua madre?
   .... una borsa.

3. Che cosa hai dato ai bambini?
   .... un'aranciata.

4. Che cosa hai offerto a Lucia e Antonio?
   .... un caffè.

5. Che cosa hai raccontato a tuo fratello?
   .... quello che è successo.

Lessico nuovo: –

4. Completate le seguenti frasi secondo il modello:

> Signora, *Le* presento il signor Neri.

1. Signora, come .... sembra questo film? .... sembra buono.
2. Carlo, ... piace quella ragazza? Mica male!
3. Lo spettacolo che ho visto ieri sera non .... è piaciuto.
4. Carla .... ha scritto tre lettere ed io non .... ho ancora risposto.
5. Signorina, ... piace vivere in questa città?
6. Che tipo di macchina .... piace di più, signor Bassi?
7. Ragazzi, venite con noi? .... dispiace, ma non possiamo.
8. Marco vieni al concerto? No, perché la musica classica non .... piace.
9. Che cosa hai detto a Mario e Luigi? .... ho detto di venire stasera alle otto.
10. Ragazzi, ... rendete i libri che .... abbiamo dato?

5. Completate i seguenti dialoghi:

1. ....? Gli telefono io (a Luigi).
2. Che cosa hai offerto a Paola? .... un caffè.
3. ....? Le telefono stasera, dottore.
4. Roma piace ai tuoi amici? Sì, ...
5. ....? Puoi telefonarmi in ufficio, Mario.
6. ....? Può telefonarmi in ufficio, signora.

VII

1. Attenzione!

1. – Scusi, *mi* sa dire a che piano sono le confezioni per bambini?
   – Al terzo piano.
   – C'è l'ascensore?
   – No, c'è la scala mobile.

– Scusi, sa dir*mi* a che piano sono le confezioni per bambini?
   – Al terzo piano.
   – C'è l'ascensore?
   – No, c'è la scala mobile.

Lessico nuovo: confezione - mobile (agg.).

2. – Questa borsa è proprio bella!   – Questa borsa è proprio bella!
      Quanto viene?   Quanto viene?
    – Centosessantacinquemila lire.   – Centosessantacinquemila lire.
    – *Mi* può fare uno sconto?   – Può far*mi* uno sconto?
    – Mi dispiace, abbiamo prezzi   – Mi dispiace, abbiamo prezzi fissi.
      fissi.

3. – Dica, signora!   – Dica, signora!
    – Vorrei una saponetta, un   – Vorrei una saponetta, un
      dentifricio e una crema per   dentifricio e una crema per
      le mani.   le mani.
    – Desidera altro?   – Desidera altro?
    – No, grazie. Quant'è?   – No, grazie. Quant'è?
    – Seimilacinquecento lire.   – Seimilacinquecento lire.
    – Ecco a Lei.   – Ecco a Lei.
    – Un momento, signora! *Le*   – Un momento, signora! Devo dar*Le*
      devo dare lo scontrino.   lo scontrino.

4. – Vado in centro a fare spese.   – Vado in centro a fare spese. *Ti*
      Ti serve qualcosa?   serve qualcosa?
    – Sì, *ti* volevo proprio chiedere   – Sì, volevo proprio chieder*ti* di
      di prendermi le pastiglie per   prendermi le pastiglie per la tosse e
      la tosse e mezzo chilo di pane.   mezzo chilo di pane.
    – Senz'altro!   – Senz'altro!

Mi sa dire	=	Sa dir*mi*
Mi può fare	=	Può far*mi*
Le devo dare	=	Devo dar*Le*
Ti volevo chiedere	=	Volevo chieder*ti*

2. Ora cambiate il posto del pronome:

> Signorina, *Le* posso chiedere una sigaretta?
> Signorina, posso chieder*Le* una sigaretta?

1. Devo scrivergli oggi stesso. ....
2. Ti posso offrire qualche cosa? ....
3. Quando posso telefonarLe, signorina? ....
4. Sai dirmi a che ora comincia il film? ....
5. Mario vuole presentarmi la sua ragazza. ....
6. Carlo, puoi darmi un momento il tuo giornale? ....
7. Voglio dirLe come stanno le cose. ....
8. Devo comprarti le sigarette? ....
9. Sapete dirci fino a che ora è aperta la posta? ....
10. Non posso darvi le notizie che volete. ....

Lessico nuovo: sconto - prezzo - fisso - saponetta - dentifricio - crema - scontrino - servire - pastiglia - tosse - chilo - pane.

3.

TU	LEI
– Gianni, *ti* è piaciuto il maglione che *ti* ha fatto Luisa?	– Signorina, *Le* è piaciuto il maglione che *Le* ha fatto Luisa?
– Sì, *mi* è piaciuto molto.	– Sì, *mi* è piaciuto molto.
– Roberto, *ti* è piaciuta la cravatta che *ti* ha portato tuo fratello?	– Signor Valli, *Le* è piaciuta la cravatta che *Le* ha portato Suo fratello?
– Sì, *mi* è piaciuta molto.	– Sì, *mi* è piaciuta molto.
– Carla, *ti* sono piaciuti gli stivali che ho comprato a Firenze?	– Signora Rosi, *Le* sono piaciuti gli stivali che ho comprato a Firenze?
– Sì, *mi* sono piaciuti molto.	– Sì, *mi* sono piaciuti molto.
– Paola, *ti* sono piaciute le cassette che *ti* ho mandato?	– Signorina, *Le* sono piaciute le cassette che *Le* ho mandato?
– Sì, *mi* sono piaciute molto.	– Sì, *mi* sono piaciute molto.

Osservate!

mi ti	è	piaciut*o*	il maglion*e* di Luisa il vestit*o* di Laura
gli le		piaciut*a*	la cravatt*a* rossa la camici*a* rosa
Le ci	sono	piaciut*i*	gli stival*i* nuovi i guant*i* di lana
vi gli		piaciut*e*	le cassett*e* le scarp*e* nere

VIII

1. Completate le seguenti frasi con il pronome conveniente:

1. Carlo, ... è piaciut....... il nuovo libro di Moravia? Sì l'ho appena finito di leggere e .... piaciut....... molto.
2. Signorina, ... sono piaciut............... i dischi che .... ho regalato? Sì, molto!
3. Ragazzi, ... è dispiaciut....... lasciare le vostre famiglie?
4. Carla ha visto il film e ha detto che non .... è piaciut....... per niente.
5. Abbiamo visto alcune città italiane e .... sono piaciut....... tanto.

Lessico nuovo: maglione - cravatta - stivale - guanto - scarpa.

2. Completate le seguenti frasi secondo il modello:

> Devo comprare un paio di scarpe a mio figlio, perché quelle che ha non
> *gli* vanno più bene.

1. Ieri era la festa di Luisa e .... ho regalato una gonna.
2. Stamattina ho incontrato Bruno e .... ho offerto un caffè.
3. Ragazzi, non .... interessa guardare la partita alla tv?
4. Giulia, ... bastano i soldi che ti ho dato?
5. Signor Berti, ... consiglio di prenotare un posto per lo spettacolo di stasera.
6. Mi scusi, signora; .... ho fatto male?
7. Anna e Giulia aspettano una risposta da noi. Quando .... telefoniamo?
8. Che cosa portiamo a Carla? Possiamo portar.......... (.......... possiamo portare) dei fiori.
9. Che cosa desidera, signora? Volevo far.......... (.......... volevo fare) una domanda, professore.
10. Lucia, ... va di fare quattro passi?

3. Come sopra:

> Perché Mario ha cambiato lavoro?
> Perché lo stipendio che prendeva non *gli* bastava.

1. Perché Luisa è tornata a casa?
   .... faceva male la testa.
2. Perché Antonio ha preso la tua macchina?
   .... serviva per accompagnare Rita alla stazione.
3. Perché Laura e Giovanna non sono andate in Inghilterra?
   .... non .... bastavano i soldi.
4. Perché Carla non ha accettato quel lavoro?
   .... dispiaceva lasciare la sua città.
5. Perché Angela e Piero non hanno preso in affitto quella casa?
   .... sembrava troppo cara.

Lessico nuovo: –

IX

1. Completate il seguente dialogo con le parole mancanti:

Signora Rossi: Vorrei vedere una .... per mio figlio.

Commessa   : Di .... colore?

Signora Rossi: Non saprei.

Commessa   : Le .... il colore rosa. Se Suo figlio .... la moda,
.... piacerà .... altro.

Signora Rossi: Ma .... rosa non è un colore un po' troppo .... donna?

Commessa   : Prima era cosí, ma ora i giovani non .... a queste cose:
.... piace la moda unisex.

Signora Rossi: Mio figlio preferisce le .... sportive e questa ....
sembra .... elegante.

Commessa   : Se è così, può prender.......... una camicia a mezze ....

Signora Rossi: Vediamo!

Commessa   : Ecco: c'è questa camicia .... quadri. Come .... sembra?

Signora Rossi: Secondo .... può andar bene; .... prendo.

Commessa   : .... occorre nient'altro?

Signora Rossi: Sì, mi .... una gonna blu per mia figlia.

Commessa   : Che .... porta?

Signora Rossi: La quarantaquattro.

Commessa   : Ora .... faccio vedere i .... che abbiamo.

Signora Rossi: È ancora una ragazzina, ma .... piace il ....

Commessa   : Allora .... andrà bene una gonna .... pieghe come
questa, non crede?

Signora Rossi: Sì, è carina e anche la stoffa .... sembra di ottima ....

Commessa   : Infatti è di pura .... Vedrà che Sua figlia ....
contenta.

Signora Rossi: .... !

Lessico nuovo: –

2.A. In un negozio di calzature.

- Buongiorno! Desidera?
- Mi servirebbero un paio di scarpe marroni.
- Sportive o eleganti?
- Sportive, con il tacco basso.
- Che numero porta?
- Il trentanove.

B. In libreria.

- Mi occorre una guida illustrata della città.
- Le consiglio questa: è la più recente e ci troverà tutte le informazioni che Le servono.

C. In un negozio di generi alimentari.

- Vorrei un etto e mezzo di prosciutto cotto e due panini.
- Basta così?
- Mi dia anche un litro di latte.

3. **Raccontate il contenuto del dialogo fra la signora Rossi e la commessa del negozio di abbigliamento, ricordando i seguenti punti:**

Signora Rossi/camicia per il figlio/commessa/colore rosa/moda/figlio/ sportivo/camicia a quadri/figlia/classico/gonna a pieghe/stoffa/

4. **Rispondete alle seguenti domande:**

1. Che genere di vestiti preferisce portare?
2. Qual è il Suo colore preferito?
3. Che taglia ha?
4. Che numero di scarpe porta?
5. Per Lei è importante seguire la moda?
6. Le piace il modo di vestire degli italiani? Perché?
7. La moda italiana è famosa in tutto il mondo. Lei conosce il nome di qualche stilista italiano?
8. Nel Suo paese tutti i negozi hanno prezzi fissi?

Lessico nuovo: calzatura - paio - marrone - tacco - basso - guida - illustrato - recente - alimentare (agg.) - etto - prosciutto - cotto (cuocere) - panino - litro - abbigliamento - vestire - famoso - stilista.

5. Parole con significato uguale.

> succedere - accadere - capitare

a. Ieri mi *è successo* (mi *è accaduto*, mi *è capitato*) un fatto strano: ho incontrato un vecchio amico e non l'ho riconosciuto subito.

b. Sai che cosa *è accaduto* (*è successo*, *è capitato*) a Carlo? Lo vedo molto strano. Mah, non so: chi ci capisce è bravo!

c. Ogni volta che faccio un programma mi *capita* (mi *succede, mi accade*) qualcosa e devo rimandarlo.

d. Se *capiti* a Roma, ti prego di telefonarmi, Gianni.

e. Sai chi *è capitato* improvvisamente a casa mia ieri? Carlo Rossi: non lo vedevo da tanto tempo e mi ha fatto molto piacere rivederlo.

> Se *capiti* a Roma ...
> Paolo *è capitato* a casa mia

> roba - cose

a. In quel negozio vendono *roba* buona.

b. Chi ti ha portato questa *roba* (queste cose)?

c. Spesso la mia borsa è piena di *roba* inutile (di *cose* inutili).

d. È *roba* da matti (Sono *cose* da pazzi)! Quel ragazzo non soltanto pretendeva di restare a dormire e a mangiare da noi, ma voleva anche dei soldi in prestito!

> comunque - in ogni caso
>   in ogni modo

a. Sono sicuro che a quest'ora Paolo non è a casa; *comunque* (*in ogni caso*) puoi provare a telefonargli.

b. Capisco che hai avuto molto da fare: *comunque* (*in ogni modo*) potevi avvertirmi che non venivi!

Lessico nuovo: uguale - fatto - strano - riconoscere - bravo - improvvisamente - rivedere - roba - pieno - inutile - matto - pazzo - prestito - avvertire.

> nemmeno - neppure - neanche

a. – Carlos, darai l'esame alla fine del corso?
– Sì, lo darò; e tu?
– Sì, lo darò *anch'io*.

– Carlos, darai l'esame alla fine del corso?
– No, non lo darò; e tu?
– No, non lo darò *neanch'io* (*nemmeno io, neppure io*).

b. Paolo era così arrabbiato con me che non mi ha *nemmeno* (*neppure, neanche*) salutato.
Addirittura! Non ci posso credere!

X *Test*

A. Completate il testo con le parole mancanti:

La signora Rossi vorrebbe comprare una camicia per suo figlio.

La commessa .... consiglia di prenderne una di colore ....

perché .... molto .... moda. Ma, dato che suo figlio

preferisce il .... sportivo, ... prende una camicia ....

quadri, a mezze .... La signora, inoltre, fa un altro ....:

una gonna a .... di genere classico per sua figlia.

B. Completate le frasi con il pronome conveniente:

1. Se Suo figlio segue la moda, questa camicia .... piacerà senz'altro.

2. Carlo, hai scritto ai tuoi genitori? No, non .... ho ancora scritto.

3. Laura non viene con noi alla partita? No, perché il calcio non ....
   interessa.

4. Si accomodi, signora! .... faccio vedere i modelli che abbiamo.

5. Ragazzi, ... rendete i soldi che .... abbiamo dato?

Lessico nuovo: nemmeno - neppure - neanche - arrabbiato - addirittura.

C. Completate le frasi con le preposizioni convenienti:

1. Vorrei vedere una gonna .... pieghe .... mia figlia.

2. Questa stoffa mi sembra .... ottima qualità.

3. Il rosa è un colore che va .... moda.

4. Ho comprato una camicia .... mezze maniche .... mio figlio.

5. Mi servirebbero un paio .... scarpe marroni .... il tacco basso.

6. .... che colore è il maglione che hai regalato a Marco?

7. Vorrei un francobollo .... trecento lire.

8. Belle queste cartoline .... colori! Dove le hai comprate?

9. Giorgio, mi dai una .... tue pastiglie .... la tosse?

10. Non mi piace il suo modo .... vestire.

Lessico nuovo: –

A questo punto Lei conosce
1029 parole italiane

Nozze in vista

Carla   : Sapevi che Rita *si sposa?*

Marina: Certo! Ho anche ricevuto l'invito.

Carla   : Ah sì? Come mai ti ha invitato?

Marina: Siamo parenti alla lontana: sua madre e mio padre sono cugini.

Carla   : Conosci anche lo sposo?

Marina: Naturalmente! *Si chiama* Gianfranco Rosi. È un ragazzo molto in gamba. È ingegnere elettronico: *si è laureato* a pieni voti l'anno scorso a giugno e due settimane dopo è entrato a lavorare all'Olivetti. Lui e Rita *si conoscono* dai tempi dell'università.

Carla   : È stato davvero fortunato a *sistemarsi* così presto! *Si sposano* in chiesa?

Marina: No, in municipio. Preferiscono una cerimonia intima e breve.

Carla   : Allora la sposa *non si vestirà* in bianco?

Marina: No, *si metterà* un abito celeste che *si è fatta* fare dalla sarta.

Carla   : Dove andrete a pranzo?

Marina: All'Hotel Ausonia.

Carla   : È davvero un'ottima scelta. *Si mangia* molto bene in quel ristorante! Sai anche dove andranno in viaggio di nozze?

Marina: Faranno una lunga luna di miele. *Si fermeranno* due giorni a Venezia e poi andranno alle Maldive.

Carla   : Lo immaginavo! Oggi, quando *uno si sposa,* preferisce di solito fare il viaggio di nozze all'estero.

decima unità
(unità numero dieci)

i verbi riflessivi - forma impersonale (1)

Lessico nuovo: decimo - nozze - sposarsi - parente - sposo - naturalmente - gamba - elettronico - laurearsi - voto - davvero - sistemarsi - municipio - cerimonia - intimo - breve - abito - celeste - sarto - scelta - luna - miele - fermarsi.
Termini tecnici: riflessivo - impersonale.

II   *Test*   Vero   Falso

1. Marina è una parente dello sposo   ☐   ☐

2. Lo sposo è ingegnere elettronico   ☐   ☐

3. Dopo la laurea Gianfranco ha trovato subito lavoro   ☐   ☐

4. Gianfranco e Rita si sposeranno in chiesa   ☐   ☐

5. Faranno una breve luna di miele a Venezia   ☐   ☐

III   *Ora ripetiamo insieme:*

- Come mai Rita ti ha invitato?
- Conosci anche lo sposo?
- Naturalmente!
- È stato davvero fortunato a sistemarsi così presto!
- La sposa non si vestirà in bianco?
- Si mangia molto bene in quel ristorante!

IV   *Rispondete alle seguenti domande:*

1. Perché Marina ha ricevuto l'invito alle nozze di Rita?
2. Da quando si conoscono Gianfranco e Rita?
3. Come si vestirà Rita per il matrimonio?
4. Perché si sposano in municipio?
5. Dove andranno in viaggio di nozze?

Lessico nuovo: laurea.

V

1. Verbi riflessivi reciproci.

Gianfranco e Rita *si conoscono* dai tempi dell'università.

Marco		Paola
incontra		incontra
Paola		Marco

Marco e Paola
si incontrano

Marco		Paola
saluta		saluta
Paola		Marco

Marco e Paola
si salutano

(noi) io e Carlo   ci incontriamo
(voi) tu e Mario   vi incontrate
(loro) lui e Gianni si incontrano

1.a. Completate le frasi secondo il modello:

> Io incontro Claudio.
> Io e Claudio *ci incontriamo*.

1. Io saluto Carla.   Io e Carla ....
2. Claudio sposa Lina.   Claudio e Lina ....
3. Carla conosce Gianni.   Carla e Gianni ....
4. Tu incontri Luisa.   Tu e Luisa ....
5. Io do del "tu" a Piero.   Io e Piero ....

Lessico nuovo: reciproco.

2. Verbi riflessivi.

Carlo lava il cane   Carlo lava sé

io	mi	lavo
tu	ti	lavi
lui, lei, Lei	si	lava
noi	ci	laviamo
voi	vi	lavate
loro	si	lavano

Carlo lo lava   Carlo si lava

2.a. Completate le frasi secondo il modello:

> (lavarsi) Di solito io *mi lavo* con l'acqua calda.

(svegliarsi)   1. Carlo la mattina .... alle sei e un quarto.

(fermarsi)   2. Se non vi dispiace, noi .... qui per la notte.

(sbagliarsi)   3. Se pensi di aver ragione, Michele, ...

(sedersi)   4. Carla e Sandra .... sempre al primo banco.

(mettersi)   5. E per l'occasione tu cosa .... ?

(scusarsi)   6. Arriva sempre in ritardo ma non .... mai.

(trovarsi)   7. Lei, signora, come .... nella nuova casa?

(vestirsi)   8. Arrivo subito: .... in cinque minuti.

(esprimersi)   9. Complimenti, Ingrid! .... veramente bene in italiano.

(laurearsi)   10. Se tutto va bene, a giugno .... anch'io.

3. Una levataccia.

Pietro: Che faccia stanca, stamattina, Erika!
Erika : Per forza! Mi sono addormentata dopo mezzanotte e mi sono alzata alle cinque per accompagnare Ingrid all'aeroporto.
Pietro: È già partita? Peccato! *Non ci siamo* neanche *salutati*.
Erika : Perché non sei venuto ieri sera alla festa d'addio? Eravamo in tanti e *ci siamo divertiti* un mondo!
Pietro: Purtroppo avevo già un impegno.

Lessico nuovo: lavare - cane - sé - levataccia - faccia - forza - addormentarsi - alzarsi - peccato! - divertirsi.

4. Osservate!

Stamattina	io mi sono tu ti sei lui lei si è	alzato/a	molto presto
	noi ci siamo voi vi siete loro si sono	alzati/e	

4.a. Completate le frasi secondo il modello:

> Spesso Maria *si alza* prima di me.
> Anche stamattina *si è alzata* prima di me.

1. Spesso Carla si veste in fretta.
   Anche stamattina ....

2. Spesso io e Franco ci incontriamo al bar.
   Anche ieri mattina ....

3. Spesso tu, Giulio, ti dimentichi di chiudere a chiave.
   Anche stamattina ....

4. Spesso i bambini si addormentano tardi la sera.
   Anche ieri sera ....

5. Spesso le due ragazze si mettono a studiare dopo cena.
   Anche ieri sera ....

b. Come sopra:

> Mio padre *si è arrabbiato* per il ritardo.
> Anche mia madre *si è arrabbiata* per il ritardo.

1. Io mi sono divertito molto ieri sera.
   Anche noi ....

2. Io mi sono trovato bene in questa città.
   Anche i miei ....

Lessico nuovo: arrabbiarsi.

3. Mi sono decisa a cambiare casa.
   Anche Federico ....

4. Luisa si è sposata l'estate scorsa.
   Anche Carlo e Anna ....

5. Io mi sono alzato presto stamattina.
   Anche Erika ....

5. Verbi riflessivi preceduti da verbi modali.

– Abbiamo un appuntamento con
  il direttore.
– In questo momento è occupato.
  Nell'attesa *potete accomodarvi*
  qui.
– Vi siete annoiati di lavorare?
  No, ma *vogliamo riposarci* un
  po' prima di continuare.
– Marco, se vuoi venire a teatro
  con noi, *devi sbrigarti!*
– D'accordo, faccio subito!

– Abbiamo un appuntamento con
  il direttore.
– In questo momento è occupato.
  Nell'attesa *vi potete accomodare*
  qui.
– Vi siete annoiati di lavorare?
– No, ma *ci vogliamo riposare*
  un po' prima di continuare.
– Marco, se vuoi venire a
  teatro con noi, *ti devi sbrigare!*
– D'accordo, faccio subito!

potete accomodar*vi*	*vi* potete accomodare
vogliamo riposar*ci*	*ci* vogliamo riposare
devi sbrigar*ti*	*ti* devi sbrigare

5.a. Ora trasformate le frasi secondo lo schema precedente:

1. Dobbiamo vederci domani.

2. ....

3. Voglio riposarmi un po'.

4. ....

5. Domattina dobbiamo alzarci
   presto.

1. ....

2. Ci vogliamo incontrare a Pisa.

3. ....

4. Non possiamo permetterci questa
   spesa.

5. ....

Lessico nuovo: precedere - attesa - riposarsi - annoiarsi - sbrigarsi - schema (lo s.).

6.   PRESENTE   PASSATO

Franco ed io   Franco ed io
    dobbiamo alzarci presto   *abbiamo dovuto alzarci*
    domattina.   presto ieri mattina.

    ci dobbiamo alzare presto   *ci siamo dovuti alzare*
    domattina.   presto ieri mattina.

Carla e Cinzia   Carla e Cinzia
    vogliono vedersi in serata.   *hanno voluto vedersi* in serata.

    si vogliono vedere in serata.   *si sono volute vedere* in serata.

Osservate!

Maria	deve	alzar*si* presto
	ha dovuto	

=

Maria	*si* deve	alzare presto
	si è dovuta	

Nei tempi composti i verbi modali ("dovere" - "potere" - "volere") prendono
l'ausiliare AVERE se precedono l'infinito riflessivo. Se, invece, sono preceduti
dal pronome riflessivo, prendono l'ausiliare ESSERE, come verbi riflessivi veri e
propri.

      si alza —————— si deve alzare
      si è alzata —————— *si è dovuta* alzare.

6.a. Completate le frasi secondo il modello, mettendo il verbo al tempo conveniente:

> Carlo (volere lavarsi) *si vuole lavare/vuole lavarsi* i capelli.

1. Comincia a fare freddo: (noi-dovere vestirci) ..../
    .... bene la sera.

2. Carla, (non dovere mettersi) ..../.....................................
    questo vestito: ti sta male!

3. Sabato scorso Sandro ed io (volere fermarsi) ..../
    .... a Firenze per visitare gli Uffizi.

4. Stamattina Carla e Giulia (non potere vedersi) ..../
    .... in centro, perché Giulia è arrivata tardi all'appuntamento.

5. Siamo stati così occupati che (non potere permettersi) ....
    /...................................... un momento di riposo.

Lessico nuovo: capello.

VI

1. Completate le frasi con il verbo al presente indicativo:

> Maria e Franco (non salutarsi) *non si salutano*
> perché (non parlarsi) *non si parlano.*

1. Quando Lina e Pia (incontrarsi) .... (non salutarsi) ....
2. Fra loro gli studenti (darsi) .... del "tu".
3. Quando quelle due ragazze (mettersi) .... a parlare vanno avanti per delle ore.
4. Come (chiamarsi) .... quella ragazza che parla con Federico?
5. Carlo ed io (vedersi) .... alle 7 davanti al municipio.
6. Signor Franchi, (non dovere dimenticarsi) .... di telefonare al direttore domani.
7. Signorina, (potere riposarsi) .... qui, se vuole.
8. (Dovere sbrigarsi) .... se non vogliamo arrivare in ritardo.
9. Appena (svegliarsi) .... prendo subito un caffè.
10. Giulio (volere presentarsi) .... all'esame anche se non ha studiato molto.

2. Completate le frasi con il verbo al passato:

1. Franca (laurearsi) .... l'anno scorso in Lettere ed ora lavora a Milano.
2. Finalmente Sergio (decidersi) .... a venire da noi!
3. Carla sentiva freddo e (mettersi) .... un vestito di lana.
4. La signorina Rossi stamattina (sentirsi) .... male ed è tornata a casa.
5. Mario e Luisa (lasciarsi) .... dopo dieci anni di matrimonio, perché non andavano più d'accordo.
6. Mia madre (preoccuparsi) .... molto, quando non mi ha visto tornare alla solita ora.
7. Carla ha trovato un buon lavoro: finalmente (sistemarsi) ....!
8. I nostri amici (fermarsi) .... da noi per una settimana.
9. Marco (presentarsi) .... all'esame, anche se non stava bene.
10. Appena Cinzia e Roberto (vedersi) .... (abbracciarsi) ....

Lessico nuovo: preoccuparsi.

3. Completate le frasi con il verbo ausiliare conveniente:

1. Io e Piero ci .... dovut............ alzare presto per prendere il treno.

2. Questa mattina Gianna si .... volut............ incontrare con il direttore.

3. I posti erano quasi tutti occupati, perciò .... dovut............ sedermi in fondo.

4. Carla e Franco si .... volut............ sposare in municipio.

5. Come mai avete fatto tanto tardi, ragazze? Non vi .... potut............ sbrigare prima?

4. Mettete al passato prossimo la seguente storia:

Ogni mattina Carlo si sveglia alle sette, si alza subito, va in bagno e si fa la doccia. Poi si fa la barba con il rasoio elettrico. Quindi torna in camera, si veste e si prepara per uscire.

a. Ieri mattina ....

....

....

VII   *Forma impersonale.*

Al ritorno dal viaggio di nozze

Marina: Bentornata, Rita! Com'è andato il viaggio alle Maldive?

Rita   : Benissimo! Abbiamo trovato un tempo magnifico e le spiagge non erano molto affollate.

Marina: Insomma è stata una bella esperienza?

Rita   : Sì. Siamo rimasti contenti della scelta. E poi, quando *uno viaggia* per piacere, *si trova* bene in qualsiasi posto.

Marina: Hai ragione!

Lessico nuovo: doccia - rasoio - elettrico - prepararsi - bentornato - magnifico - affollato - insomma.

Osservate!

> Quando *uno viaggia* per piacere, *si trova* bene in qualsiasi posto.
> Quando *si viaggia* per piacere, *ci si trova* bene in qualsiasi posto.

a. In aereo *uno viaggia* comodamente. In aereo *si viaggia* comodamente.

b. In aereo *uno non si stanca* troppo. In aereo *non ci si stanca* troppo.

forma impersonale	a.	*verbo non riflessivo*	uno + verbo alla 3ª pers. singolare si + verbo alla 3ª pers. singolare
	b.	*verbo riflessivo*	uno + si + verbo alla 3ª pers. singolare ci + si + verbo alla 3ª pers. singolare

VIII

1. Trasformate le frasi secondo il modello:

> Su questo letto *uno dorme* bene.
> Su questo letto *si dorme* bene.

1. In Italia uno pranza di solito all'una e mezzo.

   ....

2. In questa casa uno paga molto di condominio.

   ....

3. Uno viaggia in aereo per arrivare prima.

   ....

4. Uno cerca sempre di guadagnare di più.

   ....

5. Al ristorante uno spende molto.

   ....

Lessico nuovo: comodamente - stancarsi.

2. Come sopra:

> D'estate *uno si alza* presto la mattina.
> D'estate *ci si alza* presto la mattina.

1. Dopo una giornata faticosa uno si riposa volentieri.

   ....

2. Dopo una bella vacanza uno si sente in forma.

   ....

3. Oggi, per andare a teatro, uno si veste anche in modo sportivo.

   ....

4. Dopo tre mesi di studio uno si esprime bene in italiano.

   ....

5. Alle feste uno si diverte di più quando è fra amici.

   ....

IX

1. Completate il testo con le parole mancanti:

.... alcuni giorni Rita si sposerà con Gianfranco, un ingegnere elettronico
che .... l'anno scorso a pieni .... Si .... ai tempi
dell'università. Si sposano in municipio perché preferiscono una cerimonia
.... e .... La sposa .... un abito celeste che ....
dalla sarta.
Passeranno la .... di .... alle Maldive, ma prima ....
due giorni .... Venezia.

Lessico nuovo:–

2. Un regalo di nozze.

Carla: Ormai manca poco alle nozze di Rita. Dobbiamo *sbrigarci* a scegliere un regalo.

Luisa: Ho sentito che anche Anna e Sergio vogliono partecipare alla spesa, dunque possiamo *orientarci* su un regalo più costoso.

Carla: Che ne dici di un servizio di posate?

Luisa: Secondo me può andar bene un radioregistratore stereo. Rita e Gianfranco amano molto la musica e sono sicura che saranno felici di averlo.

Carla: D'accordo, però *non si può* decidere se *non si sa* quanto costa.

Luisa: Possiamo *informarci* oggi stesso, così sapremo subito quanto dobbiamo mettere a testa.

Carla: Se non raggiungiamo la somma necessaria per il radioregistratore, compreremo qualcosa di meno caro.

Luisa: Secondo me, se *si vuole* fare una bella figura *non si deve* badare a spese.

3. Rispondete alle seguenti domande:

1. Sicuramente Lei ha partecipato alle nozze di qualche amico. Ne racconti i diversi momenti.

2. Se è sposato (sposata): cosa ricorda in particolare del giorno delle nozze?

3. Gli italiani preferiscono fare il viaggio di nozze all'estero. È così anche nel Suo paese?

4. A che età ci si sposa di solito nel Suo paese?

5. Da alcuni anni in Italia esiste il divorzio, eppure sono relativamente poche le coppie che lo chiedono. Com'è la situazione nel Suo paese?

6. In Italia il divorzio si ottiene dopo 5 anni di separazione legale se i due coniugi sono d'accordo e dopo 7 anni se uno dei due non lo vuole. Nel Suo paese si ottiene allo stesso modo?

Lessico nuovo: regalo - ormai - partecipare - dunque - orientarsi - costoso - posata - radioregistratore - stereo - amare - felice - informarsi - raggiungere - figura - particolare - esistere - divorzio - eppure - relativamente - coppia - ottenere - separazione - legale - coniuge.

X   *Test*

**A. Completate le frasi al passato usando i seguenti verbi:
addormentarsi - conoscersi - divertirsi - ricordarsi - scusarsi.**

1. Le tue amiche .... alla festa di fine d'anno?
2. La bambina .... tardi ieri sera, perché aveva mal di gola.
3. Ragazzi, ... di comprarmi i francobolli?
4. Peter è arrivato in ritardo e .... con il professore.
5. Luisa e Mauro .... l'anno scorso in montagna.

B. Indicate il contrario dei seguenti verbi:

1. stancarsi   ....
2. annoiarsi   ....
3. svegliarsi   ....
4. alzarsi   ....
5. ricordarsi   ....

C. Completate le frasi con il verbo conveniente:

1. A viaggiare in treno non .... come quando si guida.
2. In quel ristorante .... a tutte le ore.
3. Gianfranco .... a pieni voti l'anno scorso.
4. Se .... fare bella figura non .... badare a spese.
5. Alla festa di ieri sera noi .... un mondo.

D. Completate le frasi con il conveniente verbo modale (dovere - potere - volere):

1. Franco e Giulio .... alzare presto stamattina per non perdere
   il treno.
2. Perché non .... fermarsi a pranzo, signora? Mi dispiace, ma ....
   proprio andare. Sarà per un'altra volta.
3. Dopo tanti giri, finalmente .... sistemarci in un piccolo albergo
   di periferia.
4. Ragazzi, non .... dimenticare di chiudere la porta a chiave quando
   uscite.
5. Ho lasciato il rasoio elettrico a casa, per questo non .... farmi
   la barba questa mattina.

Lessico nuovo: contrario (s.).

E. **Completate le frasi con la forma impersonale dei seguenti verbi:**
   arrivare - cominciare - esprimersi - lavorare - volere.

   1. .... meglio la giornata con un buon caffè.

   2. Dopo tre mesi di studio di una lingua .... abbastanza bene.

   3. Se .... rimanere in forma, bisogna fare dello sport.

   4. In quell'ufficio .... dalle otto alle quattordici.

   5. Il centro è chiuso al traffico: ci .... soltanto a piedi.

F. **Fate il VII test.**

Lessico nuovo: –

A questo punto Lei conosce
1108 parole italiane

XI   *Letture.*

A. Storia di parole.

"Nozze"

La parola "nozze" deriva dal latino "nubere", che significa "coprire", "velare".
Prima della cerimonia nuziale, infatti, nella Roma antica si usava avvolgere la
sposa in un ampio velo giallo, che stava ad indicare il rapimento con il quale lo
sposo sottraeva la ragazza alla potestà del padre.
Tale usanza continua ancor oggi nel mondo cristiano. Nei matrimoni religiosi la
sposa porta il velo, anche se di dimensioni ridotte e di colore bianco.

B. Note di civiltà.

I due matrimoni.

In Italia si può contrarre matrimonio in municipio, con rito civile, o in chiesa,
con rito religioso. Per la Chiesa un uomo ed una donna uniti in matrimonio dal
sindaco, invece che dal parroco, non sono marito e moglie.
Prima dell'11 febbraio 1929, lo Stato si comportava allo stesso modo nei con-
fronti della Chiesa: il matrimonio religioso non aveva alcun valore per la legge
dello Stato. I due sposi "religiosi" conservavano lo stato civile precedente al matrimonio: lui rimaneva scapolo, lei nubile, e i figli erano dunque illegittimi.
Con il Concordato fra Stato e Chiesa la situazione è cambiata. Lo Stato ricono-
sce gli effetti civili al matrimonio religioso, sicché i cittadini sono liberi di scegliere fra il matrimonio civile e quello religioso.

Lessico nuovo: lettura - derivare - latino - significare - coprire - velare - nuziale - antico -
avvolgere - ampio - velo - rapimento - sottrarre - potestà - tale - usanza - cristiano-
religioso - dimensione - ridotto (ridurre) - civiltà - contrarre - rito - civile - unire -
sindaco - parroco - comportarsi - confronto - valore - legge - conservare - scapolo -
nubile - illegittimo - concordato (s.) - effetto - sicché - cittadino.

> A questo punto Lei conosce
> 1147 parole italiane

I *Parlando di politica*

Carlo : *Leggi* qui e poi *dimmi* se non ho ragione io!

Mario: Di che *stai parlando?*

Carlo : Di questo articolo nel giornale di oggi.

Mario: *Fammelo* vedere!

Carlo : *Te lo* dicevo io che anche il tuo partito è come gli altri!

Mario: *Lasciami* leggere e poi ne parliamo.

Carlo : Allora...?

Mario: Un momento! ... *Sto per finire.*

Carlo : *Scusami!*

Mario: Sono veramente sorpreso di sapere che anche il mio partito è coinvolto in un simile scandalo, *te lo* confesso.

Carlo : E tu gli hai dato il voto!

Mario: Sì, ma quando *gliel'*ho dato queste cose non succedevano.

Carlo : E ora che pensi di fare?

Mario: *Non chiedermelo!* Così su due piedi è difficile rispondere.

Carlo : Io non sono iscritto a nessun partito, e, a differenza di te, posso criticare apertamente la politica della sinistra, della destra e dei partiti di centro.

Mario: Io sono militante, ma posso esprimere ugualmente il mio dissenso dal partito.

Carlo : Allora *dimostralo!*

Mario: *Dammi* il tempo di farlo. Prima voglio vederci chiaro in questa faccenda.

Carlo : *Senti, accetta* un consiglio da amico: *strappa* la tessera!

pronomi combinati - imperativo diretto
(tu – voi – noi) - forma perifrastica

Lessico nuovo: undicesimo - politica - articolo - partito - iscritto - sorpreso - coinvolto (coinvolgere) - simile - scandalo - confessare - criticare - apertamente - militante - ugualmente - dissenso - dimostrare - faccenda - consiglio - strappare - tessera.
Termini tecnici: combinato - imperativo - perifrastico.

II   *Test*

	Vero	Falso
1. Carlo dice che il partito di Mario è come tutti gli altri	☐	☐
2. Mario sapeva già che il suo partito era coinvolto in quello scandalo	☐	☐
3. Mario non ha dato il voto al suo partito	☐	☐
4. Carlo può criticare tutti i partiti perché è militante	☐	☐
5. Carlo è sicuro che anche Mario può esprimere il suo dissenso dal partito	☐	☐
6. Prima di uscire dal partito, Mario vuole vederci chiaro in quella faccenda dello scandalo	☐	☐

III   *Ora ripetiamo insieme:*

- Leggi qui e poi dimmi se non ho ragione io!

- Di che stai parlando?

- Fammelo vedere!

- Un momento...! Sto per finire.

- Sono veramente sorpreso, te lo confesso.

- Così su due piedi è difficile rispondere.

- Allora dimostralo!

- Senti, accetta un consiglio da amico!

IV   *Rispondete alle seguenti domande:*

1. Cosa diceva sempre Carlo a Mario?
2. Di che cosa è sorpreso Mario?
3. Mario ha dato il voto al suo partito?
4. Perché Carlo può criticare la politica di tutti i partiti?
5. Cosa può fare Mario, anche se è militante?
6. Cosa gli consiglia di fare Carlo?

Lessico nuovo: –

V   *I pronomi combinati.*

   – Sono veramente sorpreso, *te lo* confesso.

   – Tu gli hai dato il voto? Sì, *gliel'*ho dato.

A. Vediamo uno schema generale dei pronomi combinati:

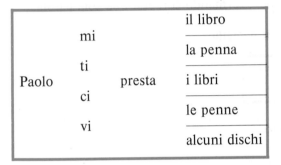

Paolo	mi ti ci vi	presta	il libro	=	me te ce ve	lo la li le	presta
			la penna				
			i libri				
			le penne				
			alcuni dischi			ne presta alcuni	

(a lui) gli		il libro	=	glielo presto
(a lei) le	presto	la penna		gliela presto
(a Lei) Le		i libri		glieli presto
(a loro) gli		le penne		gliele presto
		alcuni dischi		gliene presto alcuni

Mario non ha		
Carla non ha		
Lei, signore, non ha	il libro?	Non importa,
Lei, signora, non ha		**GLIELO** presto io!
Mario e Carla non hanno		
Luisa e Paola non hanno		

Lessico nuovo: generale (agg.) - prestare.

Osservate!

1. I pronomi indiretti (mi, ti, ci, vi) cambiano la vocale "i" in "e" quando si uniscono ai pronomi diretti (lo, la, li, le) e alla particella "ne".
2. "gli" prende una "e", formando una sola parola con il pronome diretto (gli + lo = glielo).
3. Il pronome "le" si trasforma in "glie" quando si unisce al pronome diretto o alla particella "ne", formando con essi una sola parola.

1. Trasformate le frasi secondo il modello:

> *Ti* porterò *le foto* del viaggio.
> *Te le* porterò appena posso.

1. Ti manderò quelle cassette.

   .... appena le avrò.

2. Ti scriverò una lettera.

   .... appena arrivo.

3. Vi racconterò i fatti.

   .... appena ritorno.

4. Le offrirò un caffè, signorina.

   .... appena usciamo.

5. Le renderò i soldi, signor Bianchi.

   .... appena prendo lo stipendio.

2. Come sopra:

> Luigi *ti* presta mai *la sua macchina?*
> Sì, *me la* presta spesso.

1. Carla vi prepara mai la colazione?

   ....

2. Luisa ti presta mai i suoi dischi?

   ....

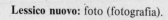

Lessico nuovo: foto (fotografia).

3. Marco ti compra mai il giornale?

....

4. Paolo vi chiede mai mie notizie?

....

5. Franco ti dà mai la macchina?

....

3. Completate le frasi con le forme convenienti del pronome combinato:

1. Se sei uscito senza soldi, ... presto io.
2. Se non ha i soldi, signorina, ... presto io.
3. Carina quella tua amica! .... presenti?
4. Ho quasi finito di leggere il giornale. Se aspetti un momento, ... do, Carla.
5. Gianna ha dimenticato qui alcuni libri: .... manderò per posta.

B. I pronomi combinati con i verbi modali (dovere, potere, volere):

– Carlo, puoi procurarmi dei biglietti per il concerto di domani sera?

– Sì, posso procurar*tene* quattro o cinque.

– Non puoi trovarne di più?

– Mi dispiace, non *te ne* posso prendere di più: sono andati a ruba.

– Dottor Mari, può procurarmi dei biglietti per il concerto di domani sera?

– Sì, posso procurar*Gliene* quattro o cinque.

– Non può trovarne di più?

– Mi dispiace non *Gliene* posso prendere di più: sono andati a ruba.

Non	*te ne*	posso prendere di più = Non posso	prender*tene*	di più
	Gliene		prender*Gliene*	

Lessico nuovo: procurare - ruba.

1. Completate le frasi con i pronomi combinati:

1. Marco ha lasciato qui la borsa: dobbiamo portar............................ stasera.

2. L'informazione che chiedete .... può dare qualsiasi impiegato.

3. Anche se conosci già i fatti, ... voglio raccontare dal mio punto di vista.

4. Il gatto vuole ancora da mangiare, ma non posso dar .... di più, se no gli fa male.

5. Se non potevate venire da me, dovevate dir .... subito.

C. I pronomi combinati con i verbi ai tempi composti:

TU   LEI

1.   Bello questo bracciale!

– Chi *te l'*ha regalato?   – Chi *Gliel'*ha regalato?
– *Me l'*ha regalato Carlo.   – *Me l'*ha regalato mio marito.

2.   Bella questa giacca!

– Chi *te l'*ha regalata?   – Chi *Gliel'*ha regalata?
– *Me l'*ha regalata Luisa.   – *Me l'*ha regalata mia moglie.

3.   Belli questi orecchini!

– Chi *te li* ha regalati?   – Chi *Glieli* ha regalati?
– *Me li* ha regalati Carlo.   – *Me li* ha regalati mio marito.

4.   Belle queste rose!

– Chi *te le* ha regalate?   – Chi *Gliele* ha regalate?
– *Me le* ha regalate Carlo.   – *Me le* ha regalate mio figlio.

Lessico nuovo: bracciale - giacca - orecchino - rosa (s.).

1. Completate le frasi con le forme convenienti del pronome combinato, facendo attenzione all'accordo con il verbo al passato:

1. Abbiamo già preso il caffè: .... ha offert......... Franca.

2. Questi libri sono Suoi o .... hanno prestat.........?

3. Ho scritto una lettera a Marco, ma non .... ho ancora spedit..........

4. Abbiamo notizie di Luisa: .... ha dat......... sua madre.

5. Questa penna non l'ho comprata: .... ha regalat......... un amico.

6. Oggi pomeriggio devo tornare in ufficio: .... ha chiest......... il direttore.

7. Bella questa foto, Gianni! Chi .... fatt..........?

8. Siamo sicuri che verrà anche Carla: .... ha promess..........

9. Avete ancora le cassette di Marta? No, ... abbiamo res..................

10. Hai mai fumato questo tipo di sigarette? Sì .... ha fatt......... provare una il signor Rossi.

VI

1. Completate le frasi usando i pronomi convenienti:

1. Se siete rimasti senza pane, ... diamo un po' noi.

2. Noi non abbiamo visto quel film: .... racconti, Marco?

3. Roberto è senza sigarette, perciò .... offro un pacchetto delle mie.

4. Se a Sergio e Luisa piace questo disco, ... regalo.

5. Se Laura e Carla vogliono i biglietti per il teatro, ... prendo io.

6. Maria sa che domani sera c'è un bel concerto? Credo di sì, comunque .... dico io appena la vedo.

7. Avete capito bene quello che ho detto? Altrimenti .... ripeto.

8. Hai già chiesto al direttore se ti dà due giorni di ferie? No, non ancora: .... chiederò stasera.

9. Sai se Luisa ha qualche impegno per domenica? Scusa, ma perché non .... domandi da solo?

10. Se loro non credono che ho perduto una buona occasione .... dimostro subito.

Lessico nuovo: –

2. Completate le frasi con i verbi fra parentesi e con i pronomi convenienti:

1. È di Carlo quella bella macchina? No, ... (prestare)
   suo cugino.

2. Se a Franca piace l'acqua di Colonia, ... (regalare)
   io una bottiglia.

3. Conosci già il ragazzo di Marta? Sì, ... (presentare)
   lei qualche giorno fa.

4. Ti piacciono queste stoffe di seta? .... (portare)
   un'amica dal Giappone.

5. Hai detto a Roberta e Silvia di venire? (dire)
   Sì, ...

6. Le servono i cerini, signora? No, grazie, (comprare)
   .... poco fa Luigi.

7. Sergio mi ha chiesto la macchina, ma oggi (poter dare)
   non ...., perché serve a me.

8. Maria ha bisogno del mio aiuto, ma non (voler chiedere)
   ....

9. Sai cosa significa questa parola o (dover spiegare)
   .... io?

10. Sapete che cosa è successo ad Anna? Sì, (raccontare)
    .... proprio lei.

VII   *Imperativo diretto* (TU - VOI - NOI)

Indicativo presente   Imperativo

leggere

Mario, tu *leggi* poco.   *Leggi* di più!
Ragazzi, voi *leggete* poco.   *Leggete* di più!
Noi *leggiamo* poco.   *Leggiamo* di più!

sentire

Mario, perché *senti* solo lei?   *Senti* anche loro!
Ragazzi, perché *sentite* solo lei?   *Sentite* anche loro!
Perché *sentiamo* solo lei?   *Sentiamo* anche loro!

finire

Mario, perché *finisci* sempre tardi?   *Finisci* presto almeno una volta!
Ragazzi, perché *finite* sempre tardi?   *Finite* presto almeno una volta!
Noi *finiamo* sempre tardi.   *Finiamo* presto almeno una volta!

> verbi in -ERE e -IRE
> TU - NOI - VOI = indicativo presente

Attenzione!

Indicativo presente   Imperativo

accettare

Perché non *accettate* il suo   *Accettate* un consiglio da amico!
consiglio?

Perché non *accettiamo* il suo   *Accettiamo* un consiglio da amico!
consiglio?

                        ma:

Perché non accetti il suo consiglio?   Accett*a* un consiglio da amico!

Se strappi la tessera, dimostri   Strapp*a* la tessera e dimostr*a* così
il tuo dissenso.   il tuo dissenso!

> accettA(re) _____ accettA!
> strappA(re) _____ strappA!
> dimostrA(re) _____ dimostrA!

> verbi in -ARE
> TU: -A

Lessico nuovo: –

1. Mettete ora le seguenti frasi all'indicativo nella forma dell'imperativo:

    1. Sergio, vieni con noi?   ....

    2. Ragazzi, bevete la birra?   ....

    3. Vediamo il film alla tv?   ....

    4. Luisa, parti in aereo?   ....

    5. Luigi, rispondi tu al telefono?   ....

    6. Offriamo noi la cena?   ....

    7. Marta, chiedi una borsa di studio?   ....

    8. Ragazzi, salite a piedi?   ....

    9. Prendiamo l'ascensore?   ....

   10. Carla, esci con gli amici?   ....

2. Chiedete ad una persona amica:

    1. di avvertire gli amici   ....

    2. di chiudere la porta   ....

    3. di scrivere a macchina   ....

    4. di aprire la finestra   ....

    5. di accendere la luce   ....

    6. di mettere un disco   ....

    7. di finire il discorso   ....

    8. di esprimere la sua opinione   ....

    9. di bere di meno   ....

   10. di decidere subito   ....

Lessico nuovo opinione.

3. Completate le frasi con le forme dell'imperativo dei verbi fra parentesi:

> Mario, *studia* l'inglese! Ti sarà utile per   (studiare)
> il lavoro.

1. Lucia, ti prego, ... a bassa voce!   (parlare)
2. Carlo, ... come hai passato le vacanze!   (raccontare)
3. Lisa, perché stai sulla porta? ...., prego!   (entrare)
4. Stefano, ... di capirmi, non avevo altra scelta!   (cercare)
5. Carlo, ... un momento, vengo subito!   (aspettare)
6. ...., Anna, ti ho fatto male?   (scusare)
7. Non è lì che devi guardare, ... là!   (guardare)
8. Quando vai a Roma, ... Franco da parte   (salutare)
   mia!
9. Carla, ti prego, ... in tempo per la cena!   (tornare)
10. Livio, ... le parole che ti ho detto!   (ricordare)

4. L'imperativo diretto con i pronomi (semplici e combinati):

- Scusa*mi* per il ritardo, Franca! Avevo una questione importante
  da risolvere.
- Lascia*mi* leggere questo articolo e poi ne parliamo.
- Se è interessante, leggi*melo*!
- È un consiglio da amico: accettiamo*lo*!
- Se è giusto quello che dite, dimostrate*celo*!
- Se vuoi venire con noi, decidi*ti*!
- Non siamo stati ancora a Venezia: andiamo*ci* questo fine settimana!

4.a. Completate le frasi con le forme convenienti dell'imperativo dei verbi fra parentesi:

1. Questo disco è molto bello: .... anche tu!   (ascoltarlo)
2. Se vedete Maria, ... da parte mia!   (salutarla)
3. Quando hai finito di leggere il giornale, ..., (passarmelo)
   per favore!
4. Marco è senza macchina: .... la nostra!   (prestargli)
5. Se loro vanno al cinema, ... anche voi!   (andarci)

Lessico nuovo: risolvere - interessante.

b. Completate le frasi con la forma conveniente dell'imperativo e del pronome:

1. Franco non sa che Luisa è tornata: .... noi!   (dire)
2. Appena hai finito, ..., così passo a prenderti.   (telefonare)
3. Se volete fare felice Anna, ... dei fiori!   (regalare)
4. Per favore, ...: devo dirti una cosa importante!   (ascoltare)
5. Luisa non può venire a prendere il libro che le serve:

    .... tu, per favore!   (portare)

c. Come sopra:

1. Paola, questo posto è libero: ....!   (accomodarsi)
2. Mario, ... a partire: tra poco sarà buio!   (sbrigarsi)
3. Il film comincia fra un quarto d'ora: .... se vuoi venire con noi!   (decidersi)
4. Ci conosciamo ormai da tanto tempo: .... del "tu"!   (darsi)
5. Ragazzi, ...: il treno sta per arrivare!   (prepararsi)

5. Attenzione!

andare	TU
– Carlo, *va'* a vedere quel film: è molto bello!	va'!
– Carlo, se vuoi andare al cinema, *vacci* pure!	vacci!
– Carlo, se ti annoi a stare qui, *vattene!*	vattene!
dare	
– Roberto, *da'* qualcosa da mangiare al cane!	da'!
– Roberto, ho molto da fare, *dammi* una mano!	dammi!
– Roberto, se hai finito di leggere il giornale, *dammelo!*	dammelo!
fare	
– Anna, *fa'* presto, ti prego!	fa'!
– Anna, *fammi* il favore di chiudere la porta!	fammi!
– Anna, non ho tempo di fare la spesa, *fammela* tu, per favore!	fammela!

Lessico nuovo: –

stare

- Piero, *sta'* attento a dove metti i piedi!   sta'!

- Piero, se qui ti trovi bene, *stacci* quanto vuoi!   stacci!

- Piero, è quasi un'ora che parli: *stattene* un po' zitto!   stattene!

dire

- Luisa, *di'* a Marta di telefonarmi!   di'!

- Luisa, *dimmi* quando sei stanca!   dimmi!

- Luisa, se c'è qualcosa che non va, *dimmelo*!   dimmelo!

Nota:

Come abbiamo visto al punto VII.4., il pronome segue l'imperativo diretto e forma con esso una sola parola. Quando il pronome si unisce alle forme *da', va', fa', sta'* e *di'* raddoppia la consonante iniziale:

Es:

    datemi!   ma: da*mm*i!

    andiamola a vedere!   va*lla* a vedere!

    fateci un favore!   fa*cci* un favore!

Unica eccezione è il pronome "gli":

Es.:

    dategli da bere!   e anche: dagli da bere!

    fateglielo voi!   faglielo tu!

avere

- Lucia, *abbi* pazienza! Finisco
  subito!   (tu) abbi!

- Amici, *abbiate* pazienza!
  Sto per finire!   (voi) abbiate!

essere

- Lucia, *sii* più calma e prendi
  la vita come viene!   (tu) sii!

- Amici, *siate* più calmi e prendete
  la vita come viene!   (voi) siate!

Lessico nuovo: attento - zitto - raddoppiare - iniziale - unico - eccezione - pazienza - calmo.

5.1. Completate le frasi con la forma conveniente dell'imperativo:

1. Non ho tempo di andare alla posta:
   .... tu, per favore!   (andarci)

2. Hai comprato una borsa? .... vedere!   (farmela)

3. Laura è sola: .... compagnia tu!   (farle)

4. Devo dirti una cosa importante: .... a sentire!   (starmi)

5. Questo libro è di Anna: quando la vedi, ..., per favore!   (darglielo)

6. Se incontri Giulio, ... che lo aspetto a casa.   (dirgli)

7. Abbiamo finito il vino, ... un po' del tuo!   (darci)

8. .... più gentile con tua madre!   (essere)

9. .... cura di te: .... un periodo di riposo!   (avere) (prendersi)

10. Se ti senti stanco, ... un bel bagno caldo!   (farti)

6.

a. Forma negativa dell'imperativo diretto.

Osservate!

– Bambini, *andate* a giocare in giardino!

– Ragazzi, *parliamo* un po' insieme!

ma:

– Carlo, *parla* più piano!

– Giulio, *prendi* pure la mia macchina!

– Luisa, *finisci* tutto per stasera, mi raccomando!

– Bambini, *non andate* a giocare sulla strada!

– Ragazzi, *non parliamo* tutti insieme!

– Carlo, *non parlare* così forte!

– Giulio, *non prendere* la mia macchina!

– Luisa, *non finire* tutto, non è urgente!

---

verbi in –ARE, –ERE, –IRE

– non parlARE!
– non prendERE!
– non finIRE!

TU = NON + INFINITO

Lessico nuovo: negativo - giardino - piano (avv.) - raccomandarsi.

b. Imperativo negativo con i pronomi.

– È un libro interessante:
  leggi*lo*!

  o anche:

– È un libro noioso:
  non legger*lo*!
  non *lo* leggere!

– È una persona simpatica:
  invita*la*!

  o anche:

– È una persona antipatica:
  non invitar*la*!
  non *la* invitare!

– Fa molto freddo: copri*ti*
  bene!

  o anche:

– Fa piuttosto caldo, oggi:
  non coprir*ti* troppo!
  non *ti* coprire ...

– Hanno aperto un nuovo locale:
  andate*ci*, è molto carino!

  o anche:

– Hanno aperto un nuovo ristorante:
  non andate*ci*, si mangia male!
  non *ci* andate ...

– Fa*mmi* dare un'occhiata al
  giornale di oggi!

  o anche:

– Non far*mi* aspettare troppo,
  ho fretta!
  non *mi* far aspettare ...

Forma positiva	*Forma negativa*
prendi*lo*!	non prender*lo*! / non *lo* prendere!
prendete*lo*!	non prendete*lo* / non *lo* prendete!
prendiamo*lo*!	non prendiamo*lo*! / non *lo* prendiamo!

verbo + pronome

| *verbo + pronome* |
| *o anche* |
| *pronome + verbo* |

Lessico nuovo: noioso - antipatico - occhiata.

6.1. Completate le frasi con la forma negativa dell'imperativo dei verbi fra parentesi:

1. Carla, ... la luce: serve a me!   (spegnere)

2. Ragazzi, ... sotto le finestre, voglio riposarmi!   (giocare)

3. Amici, ... altro tempo: siamo già in ritardo!   (perdere)

4. Giorgio, ... sempre l'ultimo momento   (aspettare)
   per fare le tue cose!

5. Anna, ..., se non ti senti bene!   (uscire)

6. Lucio, ... *fare* .... complimenti: prendi ancora   (fare)
   del cognac!

7. Sergio, ... in piedi: siediti qui vicino a me!   (stare)

8. Marta, ... paura: vedrai che tutto andrà bene!   (avere)

9. Ragazzi, ... in montagna; venite al mare   (andare)
   insieme a noi!

10. Mauro, -*essere*..... così formale; siamo fra amici!   (essere)

6.2. Completate le frasi con la forma negativa dell'imperativo e con il pronome conveniente:

            aspettare tuoi amici

1. Ormai i tuoi amici non vengono: *aspettarli* più!   (aspettare)

2. Il libro di fisica ti può servire ancora: *buttarlo* via!   (buttare)

3. È una macchina troppo vecchia: ragazzi, *compratela*   (comprare)

4. Il tempo è denaro, Luigi, *non lo perdere* in cose inutili!   (perdere)

5. Tuo padre dorme? Allora, *non svegliarlo*; passerò più   (svegliare)
   tardi!

           non dimenticarti

6. Piero, quando esci .... di chiudere bene la (dimenticarsi)
   porta e di spegnere tutte le luci!

7. È un ragazzo poco gentile, Luisa, *non frequentarlo* - *musc.*   (frequentare)

8. Ecco che arriva Giulio: mi raccomando, ragazzi,
   non diteli..... niente di quello che è successo!   (dire)

9. Eccoti centomila lire: *non spenderle* tutte in discoteca!   (spendere)

10. La tua macchina è ancora nuova: *non venderla*   (vendere)

femminile plurale

7. Forme perifrastiche (con l'infinito e con il gerundio).

Franca: Che fai di bello?

Carla : Niente di speciale: *sto leggendo* un romanzo. E tu?

Franca: *Stavo pensando* di venire a trovarti e ti ho chiamato per sapere se eri a casa.

Carla : Sì, oggi non ho voglia di uscire e *stavo* proprio *per telefonarti* per fare quattro chiacchiere.

Franca: Allora non ti disturbo se vengo?

Carla : No di certo! Vieni subito?

Franca: Sì, sono già pronta: *sto per uscire.*

Carla : Allora ti aspetto: a fra poco!

A. Osservate!

> Per costruire le forme perifrastiche è necessario conoscere le forme dell'infinito e del gerundio.

Infinito e gerundio.

(infinito)	parlARE	leggERE	seguIRE
(gerundio)	parlANDO	leggENDO	seguENDO

ma:

fare	_____	facendo
dire	_____	dicendo
bere	_____	bevendo
tradurre	_____	traducendo
comporre	_____	componendo
contrarre	_____	contraendo

Le frasi perifrastiche esprimono:

1. un'azione in preparazione: *stare + per + infinito*
2. un'azione in svolgimento: *stare + gerundio*

Lessico nuovo: speciale - romanzo - chiacchiera - disturbare - costruire - preparazione - svolgimento.
Termini tecnici: gerundio.

1. Azione in preparazione:

> STARE + PER + INFINITO

a. al presente:

– Franca è pronta e *sta per uscire*.   (= si prepara ad uscire)

b. al passato:

– Franca era pronta e *stava per uscire*. (= si preparava ad uscire)

2. Azione in svolgimento:

> STARE + GERUNDIO

a. al presente:

– Che cosa fa Piero in questo momento?

– Parla al telefono.   o anche: – Sta parlando al telefono.
– Legge il giornale.   – Sta leggendo il giornale.
– Segue la partita alla tv.   – Sta seguendo la partita alla tv.

b. al passato:

– Che cosa faceva Piero quando siete andati da lui?

– Parlava al telefono.   o anche: – Stava parlando al telefono.
– Leggeva il giornale.   – Stava leggendo il giornale.
– Seguiva la partita alla tv.   – Stava seguendo la partita alla tv.

Nota: Rispetto alla semplice forma dell'indicativo, la forma perifrastica
  sottolinea maggiormente l'azione.

Lessico nuovo: rispetto a – sottolineare – maggiormente.

VIII

1. Trasformate le frasi secondo il modello:

> Paolo *legge* il giornale di oggi.
> Paolo *sta leggendo* il giornale di oggi.

1. Paolo *scrive* una lettera ai suoi genitori.

....

2. I bambini *escono* da scuola proprio adesso.

....

3. Il tempo *cambia* di nuovo.

....

4. Hai visto per caso i miei occhiali? Li *cerco* da tanto e non li trovo.

....

5. Che fai qui con questo freddo? *Aspetto* l'autobus.

....

2. Rispondete secondo il modello:

> È già arrivato il treno?
> No, *sta per arrivare.*

1. È già finito lo spettacolo?

....

2. Avete già pranzato?

....

3. Luisa è già partita per le vacanze?

....

4. È già cominciata la lezione?

....

5. È già uscito il direttore?

....

Lessico nuovo: –

3. Completate le frasi con la forma perifrastica conveniente:

1. Hai già finito tutto? No, ma (finire) _____ .

2. Quando lui è arrivato ero occupata: (lavare) _____ i piatti.

3. Hai fatto bene a venire: (chiamarti) _____ .

4. (Andare) _____ dal medico, quando ho incontrato Giulia.

5. È meglio prendere l'ombrello; il tempo è brutto: (piovere) _____ .

IX

1. Completate il testo con le parole mancanti:

Carlo invita il suo amico Mario a leggere un _____ nel giornale. Mario rimane molto _____ nel vedere che anche il suo partito è coinvolto in uno _____. Per Carlo tutti i partiti sono uguali. Lui non è _____ a nessun partito, per questo può _____ apertamente la politica della _____, della destra e del _____. Mario, anche se è _____, si sente libero di esprimere il suo _____. Però, quando Carlo gli chiede di dimostrar_____, lui risponde che vuole aspettare di vederci _____ in quella faccenda.

2. Rispondete alle seguenti domande:

1. Quali sono gli articoli che legge con più interesse: quelli di politica, di cronaca, di economia, di sport, di cultura?

2. In Italia ci sono molti partiti politici. È così anche nel Suo paese?

3. I giovani del Suo paese si interessano alla vita politica?

4. Nei giornali del Suo paese si dà spazio alle vicende politiche italiane?

5. Che tipo di giornali legge abitualmente: quotidiani, settimanali, mensili?

6. Legge mai articoli riguardanti la politica? Come li trova?

Lessico nuovo: interesse - cronaca - economia - cultura - politico - spazio - vicenda - abitualmente - quotidiano (s.) - settimanale (s.) - mensile (s.) - riguardante (riguardare).

X *Test*

A. Riscrivete le frasi con il contrario della parola sottolineata:

1. Per *scendere* puoi prendere l'ascensore.
2. Il film di ieri sera è stato molto *divertente*.
3. Secondo me, è una persona molto *antipatica*.
4. Luigi si lava sempre con l'acqua *fredda*.
5. Il caffè lo preferisco *dolce*.

B. Completate le frasi con il conveniente pronome combinato:

1. So queste cose perché .... ha dett........ Franca.
2. Non preoccuparti: appena avrò quei soldi .... rendo.
3. Professore, se vuole l'indirizzo di Marco, ... do io.
4. Mario dice che non ha ricevuto la mia lettera, eppure .... ho spedit........ due settimane fa.
5. Volevamo pagare noi, ma Franco non .... ha permesso.

C. Completate le frasi con il verbo all'imperativo:

1. Carla, se hai finito .... pure!   (uscire)
2. Giulio, ti prego, ... una mano a finire!   (darmi)
3. Parla sempre senza pensare: ragazzi ....!   (non ascoltarlo)
4. Mi raccomando, Gianna, appena arrivi ....!   (telefonarmi)
5. Se volete dare gli esami, ... a studiare!   (mettersi)

D. Completate le frasi con le preposizioni convenienti:

1. Mio zio vive .... molti anni .... Stati Uniti, ... Filadelfia.
2. Domani vado a Roma. Parto .... treno .... tre e arriverò verso le sei.
3. Tu non stai bene, Giulio: devi andare subito .... medico.
4. Come andiamo .... centro: .... autobus o .... piedi?
5. Valeria è partita .... Firenze due ore fa .... macchina.

Lessico nuovo: riscrivere.

A questo punto Lei conosce
1217 parole italiane

XI　*Esercizi di ricapitolazione.*

1. Completate le frasi con il verbo al passato (perfetto o imperfetto):

1. Mentre loro (mangiare) ...., (arrivare) .... i loro amici.
2. Quando noi (lavorare) .... in quell'ufficio, (uscire) ....
   tutte le sere insieme.
3. Mentre (guardare) .... la televisione, mi (telefonare)
   .... Luisa.
4. Stamattina alle undici il signor Bianchi (entrare) .... in banca
   per prendere lo stipendio e all'una (essere) .... ancora là.
5. Non ha comprato quella gonna perché non le (stare) .... bene.

2. Rispondete alle domande usando i pronomi convenienti:

1. Hai telefonato a Carlo e Lucio?　　No, non .... ho ancora
   　　　　　　　　　　　　　　　　telefonat........... .
2. Avete risposto a Mario?　　Sì, ...
3. Piacerà a Sua moglie
   questa borsa?　　Oh, sì, ... sicuramente!
4. Serve a tuo fratello la macchina?　　No, oggi ....
5. Signora Rossi, voleva parlarmi?　　Sì, dottore, vorrei ....

3. Completate le seguenti frasi con il conveniente pronome combinato:

1. Signora, se non ha soldi per l'autobus, ... do io!
2. Non ha le sigarette, professore? Posso offrir....................... una delle mie.
3. Mia madre desidera avere un disco di Bach: .... regalerò per
   la sua festa.
4. Che bella camicetta, Luisa: chi .... ha regalat...........?
5. Chi vi ha detto queste cose? .... ha dett........ Marco.

4. Completate le frasi con il verbo all'imperativo:

1. Se sei stanco, (riposarsi) .... un po'!
2. Io non posso partecipare alla cerimonia: Carlo, (andarci) ....
   tu al posto mio!
3. Carla, (leggere) .... questo articolo e (dirmi) .... che
   ne pensi.
4. Vi prego, (non dirgli) .... niente: ha già molti problemi.
5. Se anche tu non hai nessun impegno, (vedersi) .... alle
   sette al bar!

Lessico nuovo: –

XII   *Ordinamento dello Stato italiano*

Dal 1946 l'Italia è una repubblica democratica. La sovranità spetta infatti al popolo, che la esercita attraverso il Parlamento.

Il Parlamento italiano è composto dalla Camera dei deputati (630 membri) e dal Senato della Repubblica (315 membri).

L'età minima per i deputati è di 25 anni, per i senatori di 40 e per il Presidente della Repubblica di 50.

Le elezioni politiche avvengono ogni cinque anni. Bisogna aver compiuto 18 anni per eleggere i deputati e 25 per eleggere i senatori. Con voto segreto i cittadini possono scegliere, in una delle liste presentate dai vari partiti politici, due o più rappresentanti per la Camera dei deputati ed uno per il Senato. Camera e Senato esercitano insieme il potere legislativo: ogni legge, infatti, deve essere approvata da tutte e due le assemblee.

La Camera dei deputati ha sede nel Palazzo di Montecitorio e il Senato della Repubblica a Palazzo Madama; per questo le due assemblee legislative sono spesso indicate semplicemente con "Montecitorio" e "Palazzo Madama".

Oltre a fare le leggi, il Parlamento dà o toglie la fiducia al governo e ne controlla l'operato. Ogni 7 anni, insieme a rappresentanti delle regioni, elegge il Presidente della Repubblica.

Il Presidente della Repubblica è capo dello stato ma non capo del governo. Il governo, infatti, è costituito dal Consiglio dei Ministri con a capo un Presidente.

A. *Test*

	Vero	Falso
1. Il Parlamento italiano è formato da due assemblee	☐	☐
2. Per eleggere i senatori bisogna avere 18 anni	☐	☐
3. La Camera dei deputati ha sede a Palazzo Madama	☐	☐
4. Il Presidente della Repubblica è eletto dal popolo	☐	☐
5. Il Presidente della Repubblica è capo dello stato	☐	☐

Lessico nuovo: ordinamento - repubblica - democratico - sovranità - spettare - popolo - esercitare - attraverso - parlamento - deputato - membro - senato - minimo - senatore - presidente - eleggere - segreto (agg.) - lista - rappresentante - potere (s.) - legislativo - approvare - assemblea - sede - palazzo - semplicemente - oltre a - togliere - fiducia - governo - controllare - operato - regione - capo - costituire - ministro.

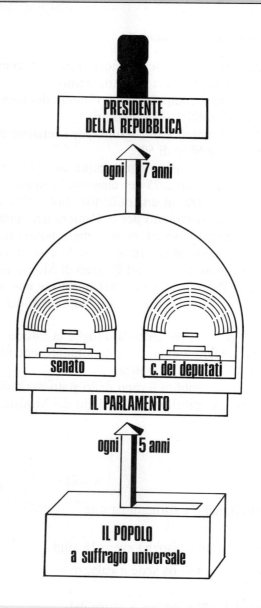

Lessico nuovo: suffragio - universale.

A questo punto Lei conosce
1255 parole italiane

I *A cena fuori*

Oggi Lucio compie ventisette anni e ha invitato a cena i suoi amici più cari, Franca e Mario.

Lucio : La specialità di questa trattoria è il pesce. Che ne *direste* di cominciare con un antipasto di frutti di mare?

Franca : Magari! Io li *mangerei* sempre!

Mario : Anch'io li *prenderei* volentieri.

Lucio : Mentre aspettiamo il cameriere, *potremmo* scegliere il vino.

Franca : Con il pesce è indicato il vino bianco.

Mario : Sì, *direi* che *potrebbe* andar bene un Orvieto classico.

Lucio : Io non m'intendo di vini: decidete voi!

Franca : Insieme all'antipasto *potremmo* ordinare anche il primo e il secondo, così non dovremo aspettare troppo tra un piatto e l'altro.

Lucio : È un'ottima idea. Tu che prendi?

Franca : Per primo mi *andrebbero* spaghetti alle vongole.

Mario : Quasi quasi li *prenderei* anch'io, anche se *dovrei* saltare il primo .....

Lucio : Io, invece, *preferirei* una zuppa di pesce.
E per secondo che prendiamo?

Franca : Che ne *direste* di prendere tutti e tre pesce arrosto con contorno d'insalata mista?

Mario : Per me va bene.

Lucio : Sono d'accordo anch'io. Cameriere, c'è molto da aspettare? *Avremmo* un certo appetito...

Cameriere: No, signore, arrivo subito!

dodicesima unità
(unità numero dodici)

il condizionale semplice
il verbo "andare" con i pronomi indiretti
le particelle "ci" (vi) e "ne"

Lessico nuovo: dodicesimo - specialità - trattoria - antipasto - frutto - magari! - indicato (agg.) - intendersi di - ordinare - vongola - saltare - zuppa - arrosto - contorno - insalata - misto.
Termini tecnici: condizionale.

II *Test*

	Vero	Falso
1. La specialità della trattoria è il pesce	☐	☐
2. A Franca non piace il pesce	☐	☐
3. Franca dice che con il pesce va bene il vino bianco	☐	☐
4. Lucio s'intende di vini	☐	☐
5. Mario non dovrebbe prendere il primo piatto	☐	☐
6. Per secondo soltanto Franca prende pesce arrosto	☐	☐
7. Il cameriere dice che c'è molto da aspettare	☐	☐

III *Ora ripetiamo insieme:*

- Che ne direste di cominciare con un antipasto di frutti di mare?

- Magari! Io li mangerei sempre!

- Anch'io li prenderei volentieri.

- Con il pesce è indicato il vino bianco.

- Direi che potrebbe andar bene un Orvieto classico.

- Per primo mi andrebbero spaghetti alle vongole.

- Quasi quasi li prenderei anch'io.

- Io, invece, preferirei una zuppa di pesce.

- Che ne direste di prendere tutti e tre pesce arrosto?

- Avremmo un certo appetito...

IV *Rispondete alle seguenti domande:*

1. Perché Lucio ha invitato a cena i suoi amici più cari?

2. Secondo Franca, che vino è indicato con il pesce?

3. Perché Lucio lascia scegliere il vino agli amici?

4. Perché Franca propone di ordinare anche il primo e il secondo insieme all'antipasto?

5. Perché Mario è in dubbio se prendere o no gli spaghetti alle vongole?

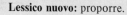

Lessico nuovo: proporre.

V

A. Forme del condizionale semplice.

I. mangi*are*	II. prend*ere*	III. prefer*ire*
io mangerei	prenderei	preferirei
tu mangeresti	prenderesti	preferiresti
lui mangerebbe	prenderebbe	preferirebbe
noi mangeremmo	prenderemmo	preferiremmo
voi mangereste	prendereste	preferireste
loro mangerebbero	prenderebbero	preferirebbero

sempre il pesce	spaghetti alle vongole	una zuppa di pesce

B. Osservate!

Forme del futuro e del condizionale.

- Ho deciso: mang*erò* il pesce.
- Prend*erò* frutti di mare.
- Fin*irò* con il dolce.

- Oggi mang*erei* anch'io il pesce.
- Anch'io prend*erei* frutti di mare.
- Anch'io fin*irei* con il dolce.

C. Attenzione!

Quando è irregolare il futuro, è irregolare anche il condizionale:

INFINITO	FUTURO	CONDIZIONALE
essere	sarò	sarei
andare	andrò	andrei
avere	avrò	avrei
dovere	dovrò	dovrei
potere	potrò	potrei
sapere	saprò	saprei
vedere	vedrò	vedrei
vivere	vivrò	vivrei
dare	darò	darei
fare	farò	farei
stare	starò	starei
rimanere	rimarrò	rimarrei
tenere	terrò	terrei
venire	verrò	verrei

Lessico nuovo: dolce (s.) - tenere.

VI

1. Completate le seguenti frasi secondo il modello:

> Marco prenderebbe un caffè.
> Anche Maria e Franco prenderebbero un caffè.

1. Marco partirebbe in treno.
   Anche noi ....

2. Marta guarderebbe un film alla tv.
   Anche Lucio e Remo ....

3. Oggi io mangerei fuori.
   Anche noi ....

4. Loro preferirebbero uscire subito.
   Anche voi ....?

5. Laura scriverebbe a macchina.
   Anch'io ....

2. Completate le frasi con i verbi fra parentesi:

> C'è molto da aspettare? *Avrei* una certa fretta.   (io-avere)

1. Scusa, Carlo, ... così gentile da   (essere)
   chiudere la porta?

2. Signora, ... dirmi che ore sono?   (potere)

3. Ragazzi, ... parlare più piano!   (dovere)

4. Marta e Lidia .... trovare la strada   (sapere)
   da sole?

5. Io .... volentieri in una città piccola. (vivere)

3. Come sopra:

1. Se non ti dispiace, io .... una   (fare)
   telefonata a casa.

2. Se tutto va bene, Marco .... l'esame   (dare)
   alla fine del mese.

3. Se è possibile, noi .... ancora un po'. (rimanere)

4. Se c'è ancora tempo, io .... finire   (volere)
   questo lavoro.

5. Se siete d'accordo, ... anche noi   (venire)
   con voi.

Lessico nuovo: –

4. Completate i dialoghi secondo il modello:

> L'anno prossimo cambierò la macchina.
> Quasi quasi la cambierei anch'io.

1. L'anno prossimo farò un bel viaggio.

....

2. L'anno prossimo comprerò un televisore a colori.

....

3. L'anno prossimo seguirò un corso d'inglese.

....

4. L'anno prossimo chiederò una borsa di studio.

....

5. L'anno prossimo cercherò un nuovo lavoro.

....

5. Fate le domande secondo il modello:

> Domandate a Marco se ha intenzione di uscire con noi stasera.
> "Marco, usciresti con noi stasera?"

1. Domandate a Laura se ha intenzione di restare ancora un po'.

....

2. Domandate a Lucio se ha intenzione di venire domani.

....

3. Domandate a Marta se ha intenzione di fare quattro passi.

....

4. Domandate a Giulio se ha intenzione di vendere la macchina.

....

5. Domandate a Franca se ha intenzione di preparare la cena.

....

Lessico nuovo: intenzione.

6. Completate i dialoghi secondo il modello:

> Non so se aspettare o no.
> Al posto tuo, io aspetterei.

1. Non so se partire o no.

   ....

2. Non so se restare o no.

   ....

3. Non so se provare o no.

   ....

4. Non so se rispondere o no.

   ....

5. Non so se telefonare o no.

   ....

VII

A. Il verbo *andare* con i pronomi indiretti.

| mi
gli
le
ci
gli | andrebbe un caffè | | ti
Le
vi | andrebbe un caffè? | Con piacere!
No, grazie,
ora non mi va.
Magari! |

Per pranzo | ti
Le
vi | andrebbero gli spaghetti?

Mi va di fare quattro passi.   Anche *a noi va* di camminare un po'.
Non mi va di stare sempre in casa.

Perché non finisci | la carne? | Perché *non mi va più.*
                   | gli spaghetti? | Perché *non mi vanno più.*

Lessico nuovo: carne.

Mi va un caffè.   *Mi va di* bere un caffè.

Mi vanno gli spaghetti.   Gli spaghetti *non mi vanno più.*

B. Le particelle *"ci" (vi)* e *"ne"*.

1. Nella unità 6 abbiamo visto la particella "ci" con valore avverbiale, usata cioè con verbi di stato o di moto come: *andare, venire, essere, stare, rimanere:*

   – Vai spesso *a Roma?*   No, *ci* vado di rado.

   – Vieni *in Inghilterra* l'estate   Sì, *ci* vengo.
     prossima?

   – È *a casa* la signora?   No, non *c'è.*

   – Quando siete stati *a teatro?*   *Ci* siamo stati l'altro sabato.

   – Quanto tempo rimane *in Italia,*   *Ci* rimango tre mesi.
     signorina?

   Vediamo ora altri valori della particella "ci" (ci = a ciò, su ciò, in ciò):

   – Chi di noi pensa *ai biglietti*   *Ci* penso io.
     per il concerto?

   – Credi davvero *a ciò che ha detto* Sì, *ci* credo.
     Mario?

   – Hai provato *a telefonare* a Giulio? No, *ci* proverò più tardi.

   – Riesci *a fare* da solo?   No, non *ci* riesco.

   – Carla tiene molto *al vestire.*   Io, invece, non *ci* tengo affatto.

   – Hai letto quell'articolo?   Sì, ma non *ci* ho capito niente.

   – Abbiamo detto per scherzo a   È lui *ci* è caduto?
     Paolo che avevamo vinto al
     totocalcio.

   – Sei sicuro che vincerà l'Inter?   Sì, *ci* scommetto la testa.

   – Mi aiuterete davvero a sistemare   Senz'altro! *Ci* puoi contare.
     quella faccenda?

Lessico nuovo: rado - scherzo - totocalcio - scommettere - contare.

Osservate!

$$ci = \begin{array}{l} a \\ in \\ su \end{array} + \begin{array}{l} una\ cosa \\ \\ un'azione \end{array}$$

penso spesso *a* ⟨ *casa mia* / *farlo*   penso spesso

tengo molto ⟨ *alla famiglia* / *a farlo*   tengo molto

provo sempre   *a dirlo*   provo sempre

riesco spesso   *a dimenticare*   = *CI* ⟨   riesco spesso

credo molto ⟨ *alle sue parole* / *in quello che dice*   credo molto

cado spesso   *in questo errore*   cado spesso

scommetto la testa *su questo fatto*   scommetto la testa

conto molto   *sulla tua promessa*   conto molto

Lessico nuovo: promessa.

La particella "ci" è usata, inoltre, con verbi come:

vederci: Perché cambi posto? Perché da qui *non ci vedo* bene.
sentirci: Carlo ascolta la radio a tutto volume perché *non ci sente* molto.

Osservate!

I verbi *vedere* e *sentire* cambiano di significato quando sono accompagnati
dalla particella "ci":

vedere _____	veder*ci*
sentire _____	sentir*ci*

Con *vedere* e *sentire* è necessario indicare l'oggetto:

- Dalla mia finestra vedo *la campagna.*
- Vedo *che siete stanchi.*
- Sento *il rumore* del traffico.
- Sento *che la situazione cambierà.*

Con *vederci* e *sentirci* si dà ai verbi "vedere" e "sentire" il significato di
"essere in grado di vedere o sentire in assoluto o in una determinata
situazione":

- Senza occhiali non *ci vedo* per niente.
- *Ci vedi* bene da qui?
- Perché gridi tanto? *Ci sento* bene!
- *Ci senti* bene da lì?

Volerci : Quante ore *ci vogliono* in treno da Roma a Milano?
Metterci: Quante ore *ci metti* in macchina da Roma a Milano?

Nota: Per motivi fonetici o stilistici al posto della particella "ci" si può usare, con lo stesso
valore, "vi":

- Non *c'*è certamente nessuno _____ Non *v'*è certamente nessuno a quest'ora.
  a quest'ora.
- *Ci* sono molti tipi di arte. _____ *Vi* sono molti tipi di arte.

Lessico nuovo: vederci - sentirci - radio (la r.) - volume - rumore - assoluto - gridare - metterci
- fonetico - stilistico.

2. Nell'unità 7 abbiamo visto la particella "ne" con valore di partitivo:

– Bevi tutto quel vino?　　　　　　No, *ne* bevo solo *un bicchiere.*
– Conosci tutte quelle persone?　　No, non *ne* conosco *nessuna.*

Vediamo ora altri valori della particella "ne":

– Prima di decidere,
　vorrei sentire che *ne* dice Carlo.
　　　　　(che dice Carlo *di questa cosa*)

– Secondo me, è meglio viaggiare in macchina.
　Tu che *ne* pensi?
　　　　　(che pensi *di questa cosa?*)

– A Gianni piace il calcio e *ne* parla di continuo.
　　　　　　　　(parla di continuo *di calcio*)

– Anna è partita solo da una settimana e *ne* sento già la mancanza.
　　　　　　　　(sento già la mancanza *di Anna*)

– Franca arriverà in ritardo anche oggi: *ne* siamo sicuri.
　　　　　　　　(siamo sicuri *di questo fatto*)

– Sai come è finita quella storia?
– No, non *ne* so nulla.
　　　　(non so nulla *di come è finita quella storia*)

– Dovreste leggere questo libro: vi assicuro che *ne* vale la pena.
　　　　　　　　(vale la pena *di leggerlo*)

– Non posso parlare di politica perché non me *ne* intendo.
　　　　　　　　(non m'intendo *di politica*)

– Ti dispiace se Carlo non viene?
　No, non me *ne* importa niente.
　　　　　(non m'importa niente *di questo fatto*)

– Dovevamo telefonare a Gianni,
　ma ce *ne* siamo dimenticati.
　　　　(ci siamo dimenticati *di telefonargli*)

– Ieri era il compleanno di Marta: ve *ne* siete ricordati?
　　　　　　　　(vi siete ricordati *del suo compleanno?*)

– Vai già via? Sì, me *ne* vado perché mi annoio.
　　　　(vado via *da qui*)

Lessico nuovo: nulla - assicurare - valere - pena.
Termini tecnici: partitivo.

Osservate:

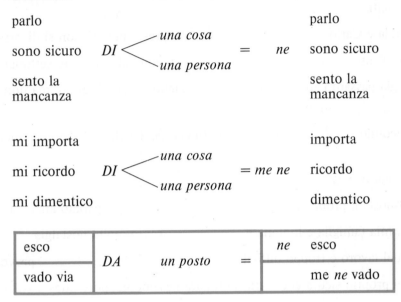

parlo

sono sicuro   *DI* ⟨ *una cosa / una persona*   =   *ne*   parlo / sono sicuro

sento la mancanza   sento la mancanza

mi importa

mi ricordo   *DI* ⟨ *una cosa / una persona*   = *me ne*   importa / ricordo

mi dimentico   dimentico

esco	*DA*	*un posto*	=	*ne* esco
vado via				me *ne* vado

3. Ed ora completate le frasi con "ci" o "ne", secondo il senso:

> Quando è lontano dai suoi bambini, Giulio *ne* sente molto la mancanza.
> Quella storia è ormai passata: perché *ci* pensi ancora?

1. Per andare a Firenze .... abbiamo messo solo due ore.
2. Sai niente dell'incidente che è capitato a Lucio? No, non .... so nulla.
3. Paolo vuole cambiare macchina. Tu che .... pensi?
4. È un problema difficile: non .... capisco niente.
5. Mio padre ha detto che mi regalerà una macchina, ma io non .... credo.

Lessico nuovo: senso.

6. Volevamo prendere il treno delle cinque, ma non .... siamo riusciti.

7. Paola e Carlo .... sono andati presto perché non si divertivano.

8. Per finire questo lavoro .... vogliono almeno due settimane.

9. È già passato l'autobus per il centro, signora? Credo di no, ma non .... sono sicura.

10. Secondo .... a ragazza è molto carina. Tu che .... dici?

4. Come sopra:

1. Conosci il problema di Franca? Sì, ... ha parlato anche a me.

2. La mia famiglia è lontana e .... sento molta nostalgia.

3. Quel lavoro è troppo difficile per me, comunque .... provo.

4. Sei proprio sicura che Carlo non darà l'esame neppure questa volta? Sì, ... scommetto qualsiasi somma.

5. Perché non finisce di leggere quel libro? Perché non .... capisco niente.

6. Da quanto tempo sta a Bologna? .... vivo da sempre.

7. Non andate a vedere quel film? No, secondo noi non .... vale la pena.

8. Quanti anni hai, Piero? .... ho quasi venti.

9. Carlo ha promesso di aiutarmi, ma non .... conto molto.

10. Luisa segue molto la moda, invece Marta non .... tiene affatto.

Lessico nuovo: –

VIII   *Completate i dialoghi usando il verbo "andare":*

1. Carlo, che ne dici di prendere un caffè?   Sì, il caffè .... sempre.

2. Cosa prende, signora?   .... qualcosa di fresco.

3. Preferisci la carne?   No, ... il pesce.

4. Perché prendi l'autobus?   Perché .... a piedi.

5. Perché non finisci il vino?   Perché ....

6. Prende il primo, signorina?   No, gli spaghetti non ...., perciò lo salto.

7. Marco non finisce i frutti di mare?   No, dice che ....

8. Marisa resta a casa?   Sì, dice che non .... uscire.

9. Anche Giulio e Marta prendono il tè?   No, dicono che .... un caffè.

10. Perché non vieni con noi a ballare?   Perché non .... fare tardi stasera.

IX

1. Il condizionale semplice si usa:

A. Per dire o chiedere una cosa in modo cortese:

- *Direi* che *potrebbe* andar bene un Orvieto classico.
- *Avremmo* una certa fretta...
- Che ne *direste* di tornare indietro?
- Ti *dispiacerebbe* darmi un po' di vino?
- *Saresti* così gentile da offrirmi una sigaretta?
- *Potrebbe* dirmi che ore sono?
- *Dovresti* smettere di fumare, Carlo!

B. Per esprimere desiderio o intenzione:

- Per primo mi *andrebbero* spaghetti alle vongole.
- A quest'ora *berrei* volentieri un tè.
- Quasi quasi *prenderei* un cognac.
- Domani sera *andrei* al cinema.

Lessico nuovo: indietro - smettere - desiderio.

C. Per esprimere un'azione che è condizionata da un'altra:

- Marco ha già finito il lavoro, altrimenti *non sarebbe* qui con noi.
- Ho troppo da fare, se no *uscirei* anch'io con loro.

2. Raccontate il contenuto della conversazione fra Lucio, Franca e Mario, completando il seguente testo:

Lucio propone ai due amici di cominciare la cena ....

Franca dice che .... e Mario aggiunge che ....

Lucio dice poi che mentre aspettano il cameriere ....

Franca risponde che .... Anche Mario è d'accordo e aggiunge

che ....

Franca propone di ordinare anche il primo e il secondo, così ....

Lucio domanda a Franca che cosa .... per primo e lei risponde che

.... Mario dice che quasi quasi .... anche se ....

Lucio, invece, dice che .... Franca chiede agli amici se

.... d'accordo a prendere tutti e tre pesce arrosto per secondo.

Mario e Lucio rispondono che per loro ....

Infine Lucio chiede al cameriere se .... e lui risponde che ....
subito.

3. Rispondete alle seguenti domande:

1. Lei va spesso a cena fuori?
2. Le piace il pesce o preferisce la carne?
3. Lei s'intende di vini?
4. Nel Suo paese si beve normalmente il vino a tavola?
5. Nei ristoranti italiani si usa dare la mancia al cameriere.
   È così anche nel Suo paese?

**4. Certamente Lei ha ricevuto un invito a cena da qualche amico.
Dica per quale occasione l'ha ricevuto e come è andata la cena.**

Lessico nuovo: condizionare - aggiungere - infine - normalmente - tavola - mancia -
certamente.

X *Test*

A. Completate le seguenti frasi con il verbo conveniente:

1. Domani Laura .... diciotto anni   (sarà / compie / diventa)
2. Lucio non .... di vini.   (s'intende / capisce / conosce)
3. A quest'ora mi .... un caffè.   (piacerebbe / vorrei / andrebbe)
4. Il pesce è buono, ma non .... più.   (mi va / mi piace / ho voglia)
5. Per secondo che cosa ...., signor Neri?   (riceve / prende / salta)

B. Completate le frasi con i verbi fra parentesi:

1. Scusi, signore, ... dirmi dov'è un telefono pubblico?   (sapere)
2. Secondo me, Lei .... meglio a parlare con il direttore.   (fare)
3. Mario, prima di partire .... lasciarmi l'indirizzo dell'albergo.   (dovere)
4. Se siete d'accordo, io .... ancora due giorni con voi.   (rimanere)
5. Pensate che i signori Rossi .... volentieri in una città più grande?   (vivere)

C. Cambiate le frasi in una forma più cortese:

1. Mi passi l'acqua, per favore? ....
2. Mi dice che ore sono, per favore? ....
3. Ragazzi, prendiamo tutti la birra? ....
4. Io dico che è meglio aspettare. ....
5. Non devi bere tanto; ti fa male! ....

D. Completate le frasi con le particelle *ci* o *ne*:

1. Con il traffico intenso .... vuole più di un'ora per arrivare in centro.
2. Avevamo un appuntamento alle tre, ma .... siamo dimenticati.
3. Quanto .... avete messo per venire a piedi?
4. Carla .... è caduta quando le ho detto che Pino era di nuovo qui.
5. Scusi, potrebbe parlare più forte? Non .... sento bene.

E. Fate l'VIII test.

Lessico nuovo: –

A questo punto Lei conosce
1307 parole italiane

XI   «Come si dice»

Il corpo umano.

1. la testa (il capo)
2. i capelli
3. il viso (la faccia)
4. l'orecchio (gli orecchi)
5. l'occhio (gli occhi)
6. il collo
7. il naso
8. la bocca
9. la spalla (le spalle)
10. il petto
11. il braccio (le braccia)
12. il gomito
13. la mano (le mani)
14. la gamba (le gambe)
15. il dito (le dita)
16. il piede (i piedi)

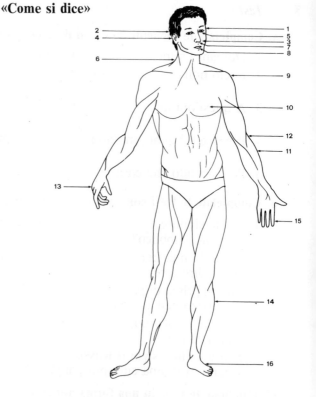

la testa : Non sto bene: *mi gira la testa.*
Gianni non ascolta il consiglio di nessuno; *vuol fare* sempre
di *testa propria.*
Marco *ha la testa fra le nuvole!*

la faccia : Preferisco le persone che *dicono le cose in faccia,* invece che
alle spalle.
Tira un vento che *taglia la faccia!*

i capelli : Sono stanco di questa storia, *ne ho fin sopra i capelli!*

l'orecchio: Carlo, mi ascolti? Sì, *sono tutt'orecchi!*
È inutile parlare con lui. Quello che gli dici *gli entra da un
orecchio e gli esce dall'altro.*
Quel ragazzo *ha orecchio per la musica.*

l'occhio : La notte passata *non ho chiuso occhio* per il rumore delle
macchine.
Ho parlato con lei a quattr'occhi e le ho spiegato tutto.
"Occhio per occhio, dente per dente".

Lessico nuovo: corpo - umano - viso - orecchio - collo - naso - bocca - spalla - petto - braccio -
dito - nuvola - tagliare.

il collo   : Quel fatto mi è capitato *fra capo e collo*.
il naso   : Oggi *non ho messo il naso fuori di casa*.
              Gianna è molto curiosa: *mette* sempre *il naso negli affari degli altri*.
              Quando ha saputo quella notizia *è rimasto con un palmo di naso*.
              Luigi *ha buon naso* negli affari.
la bocca   : Ti prego di non raccontare a nessuno ciò che ti ho detto:
              acqua in bocca!
              Ha una cattiva memoria: *non ricorda dalla bocca al naso*.
              Lucia *non ha aperto* (non ha chiuso) *bocca* per tutta la sera.
              Quando hanno saputo quella notizia *sono rimasti a bocca aperta*
              dalla sorpresa.
              Dai l'esame domani? Allora *"in bocca al lupo"!* "Crepi il lupo"!
la spalla   : Deve lavorare molto, perché *ha una famiglia numerosa sulle spalle*.
              Carlo non ha un lavoro: *campa alle spalle dei genitori*.
il braccio : Quando vieni? Tutti ti *aspettano a braccia aperte!*
              Quella signora con un bambino *in braccio* è la moglie di Paolo.
              Gli operai hanno incrociato *le braccia*.
il gomito   : Ieri sera Franco *ha alzato* troppo *il gomito*.
la mano   : Non sono capace di fare da solo: mi *dai una mano?*
              È una persona semplice, *alla mano*.
              Carla non fa mai niente: sta sempre *con le mani in mano*.
              Mario spende tutti i soldi che guadagna: *ha le mani bucate*.
il dito   : Paolo era così felice che *toccava il cielo con un dito*.
              Berrei *due dita di vino*.
              I miei amici si contano *sulle dita* di una mano.
              Se gli dai *un dito,* si prende *tutto il braccio*.
la gamba   : È un ragazzo *in gamba*.
              Bisogna *fare il passo secondo la gamba*.
il piede   : Sono stanco, perché ho fatto tutta la strada *a piedi*.
              Il tuo discorso non sta *in piedi*.
              Questo lavoro è fatto *con i piedi*.
              Luigi ha deciso *su due piedi* di lasciare il lavoro.

Lessico nuovo: curioso - palmo - cattivo - sorpresa - lupo - crepare - numeroso - campare -
incrociare - capace - bucato (agg.) - toccare - cielo - discorso.

A questo punto Lei conosce
1334 parole italiane

I *Un invito mancato*

Lucio : Ieri ti ho cercato tanto; dov'eri finito?

Sergio: Sono stato tutto il giorno da Pino per aiutarlo a sistemare il nuovo appartamento e sono tornato a casa soltanto dopo cena. Ma perché mi hai cercato?

Lucio : Volevo invitarti a cena fuori insieme a Franca e Mario.

Sergio: Peccato! Ci *sarei venuto* volentieri. *Avresti dovuto* dirmelo per tempo, così *non avrei preso* un altro impegno.

Lucio : Immaginavo che *ti saresti ricordato* che ieri era il mio compleanno e che *avresti* almeno *telefonato*.

Sergio: Scusami! Sono veramente distratto. Spero che non ti sarai offeso!

Lucio : No, affatto; ma mi dispiace per te. *Avresti mangiato* dell'ottimo pesce e *avresti rivisto* due vecchi amici.

Sergio: Per farmi perdonare, vi invito domani sera a casa mia. Cucinerò io stesso.

Lucio : Sono sicuro che Franca e Mario *avrebbero accettato* con piacere il tuo invito, ma non potranno, poiché entro domani devono essere a Milano per lavoro.

Sergio: Peccato davvero! *Sarebbe stata* una buona occasione per rivederci.

Lessico nuovo: tredicesimo - mancato - distratto - offendersi perdonare - poiché - entro.

II   *Test*

	Vero	Falso
1. Ieri Lucio ha cercato Sergio, ma non l'ha trovato	☐	☐
2. Lucio voleva invitare Sergio a cena a casa sua	☐	☐
3. Lucio ha invitato gli amici perché era il suo compleanno	☐	☐
4. Sergio si è ricordato del compleanno di Lucio ma non ha avuto tempo di telefonargli	☐	☐
5. Per farsi perdonare, Sergio vuole invitare a cena Lucio, Franca e Mario	☐	☐

III   *Ora ripetiamo insieme:*

– Ci sarei venuto volentieri!

– Avresti dovuto dirmelo per tempo.

– Immaginavo che ti saresti ricordato che ieri era il mio compleanno.

– Avresti mangiato dell'ottimo pesce e avresti rivisto due vecchi amici.

– Sono sicuro che avrebbero accettato con piacere.

– Sarebbe stata una buona occasione per rivederci.

IV   *Rispondete alle seguenti domande:*

1. Perché Sergio è stato tutto il giorno da Pino?
2. Quando è tornato a casa?
3. Perché Lucio l'ha cercato tanto?
4. Perché Sergio ha preso un altro impegno?
5. Cosa immaginava Lucio?
6. Perché Sergio non si è ricordato del compleanno di Lucio?
7. Lucio si è offeso per questo fatto?
8. Perché Lucio dice a Sergio che gli dispiace per lui?
9. Cosa fa Sergio per farsi perdonare?
10. Franca e Mario possono accettare l'invito?

Lessico nuovo: –

V

A. Forme del condizionale composto.

	I. mangiare		II. rivedere		III. venire	
io	avrei		avrei		sarei	
tu	avresti		avresti		saresti	venuto/a
lui						
lei	avrebbe	mangiato	avrebbe	rivisto	sarebbe	
Lei						
noi	avremmo		avremmo		saremmo	
voi	avreste		avreste		sareste	venuti/e
loro	avrebbero		avrebbero		sarebbero	

B. Uso del condizionale semplice e del condizionale composto.

1. Come potete vedere dagli esempi che seguono, il condizionale semplice si usa per esprimere un desiderio o un'intenzione *realizzabili nel presente o nel futuro,* mentre il condizionale composto serve per esprimere un'azione voluta, ma *non realizzata nel passato:*

- Oggi *mangerei* volentieri il pesce, se c'è.

- *Rivedrei* con piacere quel film stasera.

- Marta *verrebbe* volentieri con voi domenica prossima.

- Ti *presterei* io i soldi che ti servono.

- Con questo brutto tempo *preferiremmo* restare a casa.

- Ieri *avrei mangiato* volentieri il pesce, ma non c'era.

- *Avrei rivisto* con piacere quel film ieri sera.

- Marta *sarebbe venuta* volentieri con voi domenica scorsa.

- Ti *avrei prestato* io i soldi che ti servivano.

- Con quel brutto tempo *avremmo preferito* restare a casa.

Lessico nuovo: uso - realizzabile - realizzare.

2. A differenza del condizionale semplice, il condizionale composto si usa per esprimere un'azione *non realizzata nel passato e non realizzabile sia nel presente che nel futuro*:

- Ieri *avrei mangiato* volentieri il pesce, ma non c'era.

- Ieri sera *avrei rivisto* con piacere quel film alla tv.

- Marta *sarebbe venuta* volentieri con voi domenica scorsa.

- Ti *avrei prestato* io i soldi che ti servivano.

- Con quel brutto tempo *avremmo preferito* restare a casa, invece siamo dovuti uscire per forza.

- A pranzo oggi *avrei mangiato* volentieri il pesce, ma non c'è.

- Stasera *avrei rivisto* con piacere quel film alla tv, invece devo uscire.

- Marta *sarebbe venuta* volentieri con voi domenica prossima, ma ha già un impegno.

- Ti *avrei prestato* io i soldi che ti servono, ma oggi le banche sono chiuse.

- Con questo brutto tempo *avremmo preferito* restare a casa, invece dobbiamo uscire per forza.

e ancora:

- Domani *saremmo partiti* per Milano, ma c'è lo sciopero dei treni.

- Ho già un impegno, altrimenti *avrei accettato* con piacere il vostro invito.

- Franca e Mario non potranno venire? Peccato! Li *avrei rivisti* con piacere.

2.1. Completate ora le seguenti frasi secondo il modello:

Ieri	*avrei telefonato* a Laura, ma sapevo che era ancora in vacanza.
Oggi	*avrei telefonato* a Laura, ma so che è ancora in vacanza. (telefonare)
Domani	*avrei telefonato* a Laura, ma so già che non sarà a casa.

Lessico nuovo: sia (cong.).

a. Il discorso è riferito al passato:

1. Ieri Giorgio .... con il direttore, ma non   (parlare)
   è riuscito a vederlo.

2. Il mese passato Franco .... le ferie, ma   (prendere)
   non gliele hanno date.

3. Giovedì scorso Paola .... al concerto,   (andare)
   ma all'ultimo momento si è sentita male.

4. Due giorni fa Luigi .... a cena Luisa,   (invitare)
   ma lei era fuori città.

5. L'estate scorsa i miei amici .... le vacanze   (passare)
   al mare, ma non hanno trovato posto
   in albergo.

b. Il discorso è riferito al presente o al futuro:

1. Perché non venite al cinema anche voi stasera?

   .... con piacere, ma proprio stasera   (venirci)
   abbiamo gente a cena.

2. Mi dispiace, signora: .... con piacere   (accettare)
   il Suo invito, ma ho già un altro impegno.

3. Se chiedi la macchina a tuo padre, te la darà
   certamente.

   ...., ma l'ha già presa lui per andare   (chiedergliela)
   a Firenze.

4. Quando parti potresti lasciare le chiavi di
   casa a Luisa.

   ...., ma in quel periodo sarà   (lasciargliele)
   fuori anche lei.

5. Credi che Laura accetterà quel lavoro che le
   hanno offerto?

   Lei ...., ma non glielo danno   (accettarlo)
   perché non sa l'inglese.

Lessico nuovo: riferire.

Attenzione!

Nelle frasi precedenti abbiamo visto che il condizionale composto si usa per un'azione presente o futura che non è realizzabile per motivi *oggettivi*.
Il condizionale composto si usa, però, anche per un'azione presente o futura che per motivi *soggettivi* vogliamo presentare come non realizzabile:

– Se vai a Roma, potresti
dare un passaggio a Carla?

– Gliel'*avrei dato* con piacere,
  ma ho rimandato il viaggio perché
  la macchina è dal meccanico.

      Motivi oggettivi

– Gliel'*avrei dato* con piacere,
  ma siamo già in cinque.

      Motivi soggettivi
(forse chi parla non vuole dare
un passaggio a Carla e trova una
scusa per non dirlo apertamente)

---

3. Il condizionale composto si usa in frasi dipendenti per esprimere un'azione posteriore ad un'altra passata (futuro nel passato). In questo caso il condizionale composto *dipende sempre* da un verbo principale *al passato non legato al presente*:

PRESENTE ⟶ FUTURO (o passato legato al presente)	PASSATO ⟶ FUTURO NEL PASSATO non legato al presente
So che Marco *arriverà* alle sei.	*Ho saputo* con molto anticipo che Marco *sarebbe arrivato* ieri alle sei.
Ho saputo poco fa che Marco *arriverà* alle sei.	
Penso che il tempo *cambierà* presto.	*Pensavo* che il tempo *sarebbe cambiato* presto.

Lessico nuovo: oggettivo - soggettivo - passaggio - meccanico (s.) - dipendente - dipendere - posteriore - legato.

3.1. Trasformate ora le seguenti frasi secondo il modello:

> *Immagino* che Marco *tornerà* tardi.
> *Immaginavo* che Marco *sarebbe tornato* tardi.

1. Siamo sicuri che Luigi troverà lavoro.

   ....

2. Penso che Sergio prenderà la facoltà di Lettere.

   ....

3. Lui dice sempre che prima o poi farà carriera.

   ....

4. Carla sa che suo marito non tornerà a pranzo.

   ....

5. Loro sperano che il treno arriverà in orario.

   ....

6. Marco ripete spesso che andrà a vivere da solo.

   ....

7. Tutti sanno che i prezzi delle case saliranno ancora.

   ....

8. Siamo certi che Giorgio ci aspetterà alla stazione.

   ....

9. Sappiamo già che Marta si sposerà in aprile.

   ....

10. Elena immagina che Franco sarà contento del regalo.

    ....

2. Completate le frasi con i verbi fra parentesi:

> Quel giorno Marco ha detto che *sarebbe partito*   (partire)
> per un viaggio di lavoro.

1. Quel giorno Luisa ha detto che prima di decidere
   .... con i suoi.   (parlare)

2. La settimana scorsa abbiamo saputo da Franco che
   presto suo padre .... dagli Stati Uniti. (tornare)

Lessico nuovo: –

3. Quando ho visto quanto beveva, ho pensato che il
   giorno dopo Sergio .... male.   (stare)
4. Quella sera Marta ha ripetuto più volte che
   .... a studiare il tedesco.   (cominciare)
5. In quel momento ho capito che la situazione
   .... in meglio.   (cambiare)

4. Il condizionale composto si usa per esprimere *un'azione
     passata, condizionata da un'altra azione passata:*

- Ieri Franca non è venuta da Laura. Come mai?
- È dovuta andare dal medico, se no ci *sarebbe venuta.*

- Giorgio non ha ancora finito quel lavoro. Come mai?
- Ha avuto cose più urgenti da fare, altrimenti l'*avrebbe* già *finito.*

- Come mai Luisa non ha accettato l'invito di Marta?
- Aveva già un impegno, altrimenti non l'*avrebbe rifiutato.*

4.1. Completate le frasi secondo il modello:

- Franco non è venuto: non capisco perché.
- Stava poco bene, altrimenti *sarebbe venuto.*

1. Mario non ha mangiato quasi niente: non capisco perché.
   Non aveva appetito, altrimenti ....
2. Laura non è rimasta con noi: non capisco perché.
   Era stanca, altrimenti ....
3. Giulio e Maria non hanno telefonato: non capisco perché.
   Non sono tornati da Milano, altrimenti ....
4. Pino non ha aspettato: non capisco perché.
   Aveva fretta, altrimenti ....
5. Carla non è uscita con gli amici: non capisco perché.
   Aveva un altro impegno, altrimenti ....

Lessico nuovo: rifiutare.

VI

1. Completate le frasi secondo il senso:

> – Veramente non puoi restare? Peccato!
>   *Avremmo passato* una bella serata insieme.   (passare)
> – Sono così stanco che *andrei* subito a letto.   (andare)

1. Quando partirà per New York, signorina?
   .... domani, ma c'è lo sciopero degli aerei.   (partire)

2. Non so se aspettare o andarmene.
   Al posto Suo, io .... ancora.   (aspettare)

3. Sai che il tuo regalo mi è piaciuto moltissimo?
   Ero sicura che ti ....   (piacere)

4. Laura non ha ancora scritto. È strano!
   Davvero. Prima di partire ha ripetuto che
   .... subito.   (scrivere)

5. Marta è uscita a fare spese.
   Non ci ha detto niente, altrimenti ....   (uscire)
   anche noi con lei.

6. Luigi sta male, ma non vuole chiamare il dottore.
   Invece .... bene a chiamarlo subito.   (fare)

7. Hai poi comprato la gonna che ti piaceva?
   Non avevano la mia taglia, se no ....   (comprarla)

8. Quando il signor Rossi è andato in pensione,
   il figlio ha preso il suo posto.
   Per fortuna, se no forse il ragazzo non ....   (trovare)
   ancora lavoro.

9. Il vino è finito? Peccato!
   Anch'io ne .... un altro bicchiere.   (bere)

10. Perché non siete venuti al concerto ieri sera?
    .... , ma non siamo riusciti a trovare   (venirci)
    i biglietti.

Lessico nuovo: –

2. Come sopra:

1. Ti va una pasta, Maria?
   Sì, grazie, ... volentieri.   (mangiarla)

2. Non ho accettato quel lavoro di cui ti ho parlato.
   Hai fatto un errore; al posto tuo io non ....   (rifiutarlo)

3. Perché hai cambiato tanto in fretta la macchina?
   Perché sapevo che con l'anno nuovo i prezzi .... (salire)

4. Se sapevi che quel liquore era tanto forte,
   perché l'hai bevuto?
   Non lo sapevo, se no non ....   (berlo)

5. A quest'ora Luigi è già arrivato, non credi?
   In questo caso .... per avvertire.   (telefonare)

6. Scusa, Carlo, potresti prestarmi la macchina per
   qualche ora?
   .... con piacere, ma proprio oggi serve a me.   (prestartela)

7. Perché non prende il vino, signora? Non Le piace?
   .... volentieri, ma devo guidare e   (prenderlo)
   preferisco non bere.

8. Lucio e Mario domani sera vanno a teatro.
   Quasi quasi .... anch'io.   (andarci)

9. Potresti aiutarmi a tradurre questo testo in inglese?
   .... con piacere, ma non conosco   (farlo)
   bene l'inglese.

10. Il signor Bianchi ha avuto un grave incidente con
    la macchina.
    Immaginavo che prima o poi .... ,   (accadergli)
    perché corre troppo.

Lessico nuovo: –

VII

1. Riassumendo, si può affermare che il condizionale semplice esprime un'azione che può essere ancora realizzata, mentre il condizionale composto esprime un'azione non realizzabile, in quanto:
a) è già passata;
b) anche se è futura, mancano le condizioni per la sua realizzazione.

Dunque:

> condizionale semplice = azione POSSIBILE
>
> condizionale composto = azione NON POSSIBILE

Vediamo ora le differenze e le similitudini nell'uso del condizionale semplice e del condizionale composto:

A. *DIFFERENZE*

Si usa il condizionale semplice	*Si usa il condizionale composto*
1. per esprimere che un desiderio o un'intenzione sono *realizzabili* nel presente o nel futuro:	per esprimere che un desiderio o un'intenzione *non sono realizzabili* nel presente o nel futuro:

– Berresti un caffè con noi?

– Lo *berrei* volentieri, grazie!

– L'*avrei bevuto* volentieri, ma non posso, perché ho mal di stomaco.

Azione futura
realizzabile

Azione futura
non realizzabile

Nota: L'azione futura non realizzabile si può esprimere anche con il condizionale semplice. In questo caso, però, il senso risulta chiaro solo quando si completa la frase (ma...). Al contrario, con il condizionale composto il senso risulta *subito* chiaro, per cui si potrebbe anche non completare la frase.

Lessico nuovo: riassumere - affermare - condizione - realizzazione - similitudine - stomaco - risultare.

2. per esprimere un'azione futura che dipende da un verbo principale al passato legato al presente (passato prossimo):

Mario *sta dicendo*
(*ha detto* poco fa) che
sabato *andrà* a Venezia.

AZIONE FUTURA DIPENDENTE
DA UN VERBO *AL PRESENTE*
(o passato legato al presente)

per esprimere un'azione che dipende da un verbo principale ad un tempo passato non legato al presente (futuro nel passato):

Il giorno che l'ho visto, Mario mi *ha detto* che il sabato seguente *sarebbe andato* a Venezia.

AZIONE FUTURA DIPENDENTE
DA UN VERBO AD UN TEMPO
PASSATO NON LEGATO AL PRESENTE

Nota: Per il "futuro nel passato" si usa *soltanto* il condizionale composto. Non importa se l'azione posteriore è stata realizzata o no:

Quel giorno mi *ha detto* che *sarebbe andato* a Venezia, e ci è andato.
        e non ci è andato.
        ma non so se poi ci è andato.

Lessico nuovo: –

2. Vediamo ora uno schema riassuntivo degli usi del condizionale se
   e del condizionale composto per esprimere un'azione futura:

AREA DEL PASSATO   AREA DEL PRESENTE - FUTURO

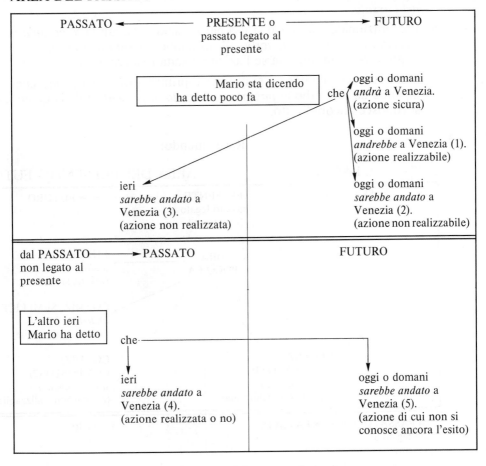

Lessico nuovo: riassuntivo - area - esito.

Osservate!

1. Il condizionale semplice si può usare *soltanto* nell'area del presente-futuro.

2. Il condizionale composto si usa anche per un'*azione futura* quando il parlante sa già che questa *non sarà realizzabile*.

3. Il condizionale composto si usa per un'azione voluta ma *non realizzata nel passato*.

4. Il condizionale composto si usa per un'azione accaduta *dopo un'altra passata*, espressa da un verbo ad un tempo *passato non legato al presente*. Non importa se l'azione è stata realizzata o no.

5. Il condizionale composto si usa per esprimere un'*azione futura* che dipende da un verbo al *passato non legato al presente* e della quale non si conosce ancora l'esito.

3.

Riassumendo:

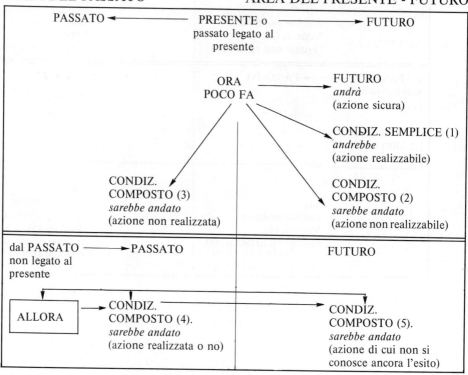

AREA DEL PASSATO

AREA DEL PRESENTE - FUTURO

PASSATO ←——— PRESENTE o ———→ FUTURO
passato legato al
presente

ORA
POCO FA

FUTURO
andrà
(azione sicura)

CONDIZ. SEMPLICE (1)
andrebbe
(azione realizzabile)

CONDIZ.
COMPOSTO (3)
sarebbe andato
(azione non realizzata)

CONDIZ.
COMPOSTO (2)
sarebbe andato
(azione non realizzabile)

dal PASSATO ———→ PASSATO
non legato al
presente

FUTURO

ALLORA →

CONDIZ.
COMPOSTO (4).
sarebbe andato
(azione realizzata o no)

CONDIZ.
COMPOSTO (5).
sarebbe andato
(azione di cui non si
conosce ancora l'esito)

Lessico nuovo: parlante (s.).

B. *SIMILITUDINI*

Entrambe le forme possono esprimere:

1. **un'azione condizionata da un'altra:**

Condizionale semplice

1. Franca deve aspettare una telefonata, altrimenti *uscirebbe* con loro.

2. Carlo non sa che Luigi sta male, altrimenti *andrebbe* a trovarlo.

3. Non conosco il nuovo indirizzo di Anna, se no te lo *darei*.

Condizionale composto

1a. Franca doveva aspettare una telefonata, altrimenti *sarebbe uscita* con loro.

2a. Carlo non sapeva che Luigi stava male, altrimenti *sarebbe andato* a trovarlo.

3a. Non conoscevo il nuovo indirizzo di Anna, se no te *l'avrei dato.*

Nota: Le frasi precedenti si possono costruire anche formando un periodo ipotetico:

1a. Franca doveva aspettare una telefonata, altrimenti *sarebbe uscita* con loro.

2a. Carlo non sapeva che Luigi stava male, altrimenti *sarebbe andato* a trovarlo.

3a. Non conoscevo il nuovo indirizzo di Anna, se no te *l'avrei dato.*

1b. Se non doveva aspettare una telefonata, Franca *sarebbe uscita* con loro.

2b. Se Carlo sapeva che Luigi stava male, *sarebbe andato* a trovarlo.

3b. Se conoscevo il nuovo indirizzo di Anna, te *l'avrei dato.*

Attenzione!

Nel periodo ipotetico il condizionale, contrariamente a quanto potrebbe far pensare tale termine, non esprime *mai* la condizione, ma soltanto la conseguenza di questa:

Se il tempo cambia, *potremmo* fare una gita.

Se non dovevi uscire, *sarei venuto* da te.

⎵_____⎵   ⎵_____⎵
condizione   *conseguenza*

Lessico nuovo: entrambi - contrariamente - conseguenza.
Termini tecnici: periodo ipotetico.

2. Una notizia non confermata:

– Secondo alcune voci, nei prossimi giorni il prezzo della benzina *subirebbe* un aumento.

– Secondo fonti non ufficiali, i due capi di stato *si sarebbero incontrati* in una località segreta.

VIII

1. Completate le frasi con le forme convenienti del condizionale (semplice o composto):

> Mi serve una penna: *potrebbe* prestarmi la Sua?   (potere)

> Prende il caffè anche Lei, signora?
> *L'avrei preso* volentieri, ma il medico me l'ha proibito.   (prenderlo)

1. Ho molte cose da fare oggi: .... darmi una mano?   (voi-potere)

2. Dopo pranzo .... riposarmi un po'.   (volere)

3. Quest'anno .... cambiare la macchina, ma ho finito tutti i miei risparmi.   (volere)

4. Signor Franchi, ... così gentile da accompagnarmi alla stazione?   (essere)

5. Ho finito le sigarette: .... una delle tue, Carlo?   (offrirmene)

6. È tanto tempo che non vedo il professor Roversi: .... con piacere.   (rivederlo)

7. Perché non prendi una casa in campagna? Così .... tutti i rumori della città.   (non sentire)

8. Quest'anno Giorgio .... volentieri le vacanze al mare, ma sua moglie ha deciso di andare in montagna.   (passare)

9. Signor Rossi, ... dirmi se c'è un telefono qui vicino?   (sapere)

10. Lei, signorina, ... lavorare un po' di meno.   (dovere)

Lessico nuovo: confermare - benzina - subire - fonte - ufficiale (agg.) - proibire.

2. Come sopra:

1. Signora, ... dirmi dov'è la posta?   (sapere)

2. Con quel brutto tempo .... meglio
   rimandare il viaggio.   (essere)

3. Domenica prossima .... questa gita con voi,   (fare)
   ma purtroppo non potrò venirci, perché ho già
   preso un appuntamento.

4. Gianni, hai tempo di ascoltarmi? .... una   (avere)
   cosa da dirti.

5. Giulio è senza macchina, se no .... a   (venire)
   prenderti a casa.

6. Lei lavora troppo: .... bisogno di un po'   (avere)
   di riposo.

7. Sono stanco: .... un momento.   (sedersi)

8. Domani mattina .... rimanere a casa e   (preferire)
   invece dovrò uscire presto.

9. Signora, ... il Suo giornale, per favore?   (darmi)

10. Paola, ... un piacere? .... a   (farmi/andare)
    comprarmi un pacchetto di sigarette?

3. Come sopra:

1. Signorina, ... chiudere la finestra?   (dispiacerLe)

2. Se permette, signora, ... ancora un po'   (io-bere)
   di cognac.

3. Gianna, che cosa .... fare per aiutarti?   (io-potere)

4. Sono già venuti i tuoi amici? No, ...   (dovere)
   arrivare oggi, ma hanno rimandato la partenza.

5. Purtroppo Paolo era fuori Roma, se no ....   (io-passare)
   volentieri la serata con lui.

6. Sai dov'è andato Luigi? No, ... dirtelo.   (non sapere)

7. Le piace Siena, signorina? Sì, ...   (rimanerci)
   ancora un po', ma purtroppo devo partire.

Lessico nuovo: –

8. .... invitare a cena Luisa: credi che   (io-volere)
............................? (accettare)

9. Secondo me, ... meglio fare in un altro   (essere)
modo.

10. Non danno più quel film? Peccato! ....   (vederlo)
volentieri.

4. Come sopra:

1. È arrivata una macchina: .... essere Carlo.   (potere)

2. Signora, ... diecimila lire da cambiare?   (avere)

3. Non ci sono più biglietti per il concerto di domani?
Peccato! .... tanto andarci!   (piacermi)

4. Domenica prossima .... fare una gita   (piacermi)
in montagna.

5. Stasera vieni a ballare anche tu, Luisa?
.... con piacere, ma ho un invito a cena.   (venirci)

5. Mettete al posto dell'infinito il futuro o il condizionale composto secondo il senso:

> *So* che Luigi *arriverà* stasera.   (arrivare)
> *Non pensavo* che loro *sarebbero arrivati*   (arrivare)
> prima delle undici.

1. Paolo diceva che .... e poi non è venuto.   (accompagnarmi)

2. Paolo dice che .... alla stazione.   (accompagnarmi)

3. Penso che loro .... prima delle undici.   (arrivare)

4. Sapevo che Luigi .... ieri sera.   (arrivare)

5. Eravamo sicuri che ieri sera Carla ....,   (divertirsi)
invece si è annoiata.

6. Non sappiamo ancora quando .... gli esami.   (noi-dare)

7. Sono certo che .... in tempo a vedere   (noi-fare)
l'ultimo spettacolo.

Lessico nuovo: –

8. Il mese scorso Carla mi ha detto che .... (cambiare)
casa, ma non so se l'ha fatto.

9. Che cosa fa Michele? So che .... a (cominciare)
lavorare la prossima settimana.

10. La televisione ha detto che domani .... (fare)
bel tempo.

IX

1. **Raccontate il contenuto della conversazione fra Lucio e Sergio, completando il seguente testo:**

Ieri Lucio ha cercato tanto Sergio, ma non .... a trovarlo. Infatti Sergio .... tutto il giorno .... Pino per aiutarlo a .... il nuovo appartamento. Lucio .... invitare Sergio a cena fuori insieme a Franca e Mario. Sergio gli dice che .... volentieri e che se lo sapeva, non .... un altro impegno. Poiché Sergio è molto distratto, non si è ricordato che ieri .... il compleanno dell'amico, il quale immaginava che lui gli .... almeno ...., Lucio non è affatto .... per questo e gli dice che gli dispiace per lui, perché .... dell'ottimo pesce e .... due vecchi amici. Per farsi .... Sergio pensa di invitare a cena a casa sua i tre amici. Franca e Mario .... di sicuro, ma non potranno perché hanno impegni di lavoro. A Sergio dispiace molto, perché .... una buona occasione per rivedersi tutti e quattro.

2. **Rispondete alle seguenti domande:**

1. Un amico Le telefona per comunicarLe che non potrà accettare il Suo invito a cena perché ha un impegno. Che cosa gli dice per fargli capire che Le dispiace?

   ....

2. Lei avrebbe intenzione di fare un viaggio, ma, fatti bene i conti, sa già che non potrà. Come si esprime per dire che purtroppo deve rinunciare al viaggio?

   ....

3. In un cinema della Sua città danno un film che Le piacerebbe vedere. Parlando con un amico gli vuole dire che purtroppo non Le sarà possibile vederlo. Che cosa dice?

   ....

4. Lei vuole dire ad un conoscente che non può prestargli i soldi che gli servono, perché anche Lei è al verde. Come si esprime?

   ....

Lessico nuovo: rinunciare - conoscente.

3. Forse Le è capitato una volta un fatto simile a quello accaduto a Lucio. Racconti come sono andate le cose.

X   *Test*

A. Completate le frasi con la forma conveniente del condizionale (semplice o composto):

1. Purtroppo il negozio era già chiuso, altrimenti
.... subito il vestito che mi piaceva.   (comprare)

2. .... al nostro amico di accompagnarci
a casa, ma oggi anche lui è senza macchina.   (chiedere)

3. Se c'è ancora un po' di vino, Mario e Luigi
.... un altro bicchiere.   (berne)

4. L'anno scorso Franca ha detto a tutti che entro
dicembre .... a lavorare a Roma.   (cominciare)

5. Sabato prossimo Marco dovrà essere presente ad
una riunione, se no .... il fine-settimana   (passare)
al mare.

B. Trovate eventuali errori nelle seguenti frasi:

1. Sapevo che questo governo non durerebbe a lungo.

2. Non credevamo nemmeno noi che Luigi si sarebbe laureato in soli quattro anni.

3. Quel film non c'è più? Peccato! Lo vedrei volentieri!

4. Quando Luisa è partita mi ha detto che scriverebbe spesso, invece aspetto ancora la sua prima lettera.

5. Come avete saputo che loro sarebbero tornati con me?

Lessico nuovo: –

C. Mettete le seguenti frasi al passato:

1. Paola dice sempre che prima o poi lascerà quel ragazzo.

....

2. Ogni volta che lo vedo, Franco mi ripete che seguirà i miei consigli.

....

3. Il signor Martini continua a dire che andrà a vivere in campagna, ma nessuno ci crede.

....

4. Siamo sicuri che un giorno o l'altro ci sarà uno sciopero generale.

....

5. Credete forse che le cose cambieranno in meglio?

....

D. Completate le seguenti frasi con le preposizioni convenienti:

1. Avreste dovuto dircelo .... tempo, così saremmo venuti anche noi.

2. .... quel brutto tempo saremmo rimasti volentieri a casa.

3. Avrei cambiato la macchina, ma quest'anno sono .... spese e non posso proprio.

4. Luigi sarebbe voluto andare .... mare, ma sua moglie quest'anno ha preferito passare le vacanze .... montagna.

5. Domani Franco avrebbe dovuto essere a Milano .... lavoro, ma sta male e non può partire.

Lessico nuovo: –

A questo punto Lei conosce
1377 parole italiane

I *L'italiano e i dialetti*

Fred : Ormai capisco quasi tutto quello *che* leggo, ma ho
ancora qualche difficoltà a parlare e soprattutto a
capire ciò *che* dicono le persone *con cui* parlo per la
prima volta.

Mario: Come vedi, non basta studiare. *Chi* vuole imparare
presto una lingua, deve praticarla stando con la gente.

Fred : Hai proprio ragione! È il caso di Marilyn, la ragazza *di
cui* ti ho parlato qualche giorno fa. Studia l'italiano da
pochi mesi e già lo parla fluentemente, anche se con
qualche piccolo errore. Passa tutto il tempo libero con
i figli della signora *da cui* abita e con i loro amici,
nessuno *dei quali* sa l'inglese.

Mario: Certo! Se sta con persone *che* non conoscono la sua
lingua, è costretta a parlare solo italiano. Comunque,
vedo che anche tu te la cavi abbastanza bene.

Fred : Grazie del complimento! Il mio problema è che
quando una persona ha un accento diverso da quello *a
cui* sono abituato in classe, non capisco un'acca.

Mario: Non preoccuparti! Spesso succede agli stessi italiani di
non capire bene una persona *la cui* pronuncia è diversa
dalla loro, poiché parla l'italiano della sua regione.
Figuriamoci poi se quella persona si esprime in
dialetto!

Fred : Dunque è vero che gli italiani *che* vivono in regioni
diverse non sempre si capiscono fra di loro?

Mario: È vero se si esprimono ciascuno nel proprio dialetto;
se usano le rispettive varietà regionali, hanno qualche
difficoltà; se, invece, parlano l'italiano standard, non
hanno problemi a capirsi. In molte famiglie si parla
solo il dialetto, *per cui* quando i bambini vanno a
scuola imparano l'italiano come una lingua straniera.
Oltre alla scuola, contribuiscono a diffondere l'italiano
standard anche la radio e la televisione.

Fred : Mi hai dato una buona idea! Da oggi comincio anch'io
a guardare la televisione e ad ascoltare di più la radio.

quattordicesima unità
(unità numero quattordici)

i pronomi relativi

Lessico nuovo: quattordicesimo - dialetto - fluentemente - costringere -
cavarsela - accento - acca - figurarsi - ciascuno - rispettivo - varietà - regionale
- contribuire - diffondere.
Termini tecnici: relativo.

II   *Test*

	Vero	Falso
1. Fred capisce quasi tutto ciò che dicono le persone con cui parla per la prima volta	☐	☐
2. Marilyn parla fluentemente l'italiano senza fare errori	☐	☐
3. Se un italiano si esprime in dialetto, le persone di altre regioni non sempre lo capiscono	☐	☐
4. In molti casi i bambini imparano l'italiano standard a scuola, come una lingua straniera	☐	☐
5. Oltre all'italiano standard esistono molte varietà regionali	☐	☐

III   *Ora ripetiamo insieme:*

- Hai proprio ragione!

- Studia l'italiano da pochi mesi e già lo parla fluentemente.

- Vedo che anche tu te la cavi abbastanza bene.

- Grazie del complimento!

- Non preoccuparti!

- Dunque è vero che gli italiani di regioni diverse non sempre si capiscono quando parlano fra di loro?

- Mi hai dato una buona idea!

IV   *Rispondete alle seguenti domande:*

1. Che cosa bisogna fare, secondo Mario, per imparare presto una lingua straniera?

2. Come mai Marilyn parla già fluentemente l'italiano?

3. Gli italiani di regioni diverse si capiscono sempre quando parlano fra di loro?

4. Perché alcuni bambini italiani imparano l'italiano come una lingua straniera?

5. Quale tipo di lingua contribuiscono a diffondere la radio e la televisione?

Lessico nuovo: –

V

A. Il pronome relativo CHE.

1. Marilyn è una ragazza americana;
   Marilyn è una ragazza americana | (lei) | studia nella nostra scuola.
   | che | studia nella nostra scuola.

2. Marilyn è una ragazza americana;
   Marilyn è una ragazza americana | l' | ho conosciuta a scuola.
   | che | ho conosciuto a scuola.

Il ragazzo			è americano.
La ragazza	che	abita al piano di sopra	è una studentessa.
I ragazzi		ho conosciuto oggi	sono americani.
Le ragazze			sono studentesse.

$$CHE = \begin{array}{l} \text{soggetto} \\ \text{oggetto} \end{array}$$

Attenzione!

a) Il pronome relativo CHE non è mai preceduto dall'articolo quando è riferito ad un nome o pronome. Quando è accompagnato dall'articolo cambia il senso:

Tutte le ore di sonno *che* perdi ti fanno male.

Tu perdi troppe ore di sonno, *il che* (e ciò) ti fa male.

b) Il pronome relativo CHE non può seguire direttamente il pronome indefinito *tutto*. Fra i due pronomi va inserito *ciò* o *quello*:

Tutto *ciò (quello)* che sapevo te l'ho già detto.

Lessico nuovo: inserire.
Termini tecnici: indefinito.

3. Trasformate ora le seguenti frasi secondo il modello:

> Conosco una persona importante: può aiutarvi a trovare lavoro.
> Conosco una persona importante *che* può aiutarvi a trovare lavoro.
>
> È un appartamento nuovo;   l'ho pagato un sacco di soldi.
> È un appartamento nuovo *che* ho pagato un sacco di soldi.

1. Manuel è un ragazzo spagnolo; suona molto bene la chitarra.

   ....

2. Vivo in una vecchia casa; d'inverno è molto fredda.

   ....

3. Passiamo il tempo libero con Giorgio e Lisa; sono i nostri amici più cari.

   ....

4. Fumo soltanto questo tipo di sigarette; sono le più leggere.

   ....

5. Laura è la ragazza dai capelli lunghi; sta parlando con Leo.

   ....

6. Finalmente posso leggere il giornale; l'ho comprato stamattina.

   ....

7. Per uscire Paola mette la gonna blu; l'ha messa anche ieri.

   ....

8. Purtroppo dobbiamo rimandare l'appuntamento con Luigi;
   l'abbiamo preso ieri.

   ....

9. Per fortuna ho trovato le chiavi; le cercavo da tanti giorni.

   ....

10. Per comprare una macchina nuova devo spendere quasi tutti i risparmi;
    li ho messi da parte in dieci anni di lavoro.

    ....

Lessico nuovo: –

B. Il pronome relativo _CUI_.

Quella è Marilyn; ti ho già parlato _di lei._
Quella è Marilyn, _di cui_ ti ho già parlato.

Quella è la persona	(a) *		telefono spesso.
	di		ti ho parlato ieri.
	da		ho imparato molte cose.
	in	cui	ho più fiducia.
Quelle sono le persone	con		passo volentieri il tempo libero.
	su		posso sempre contare.
	per		lavoro in questo momento.

* Davanti al pronome **cui** la preposizione "a" è facoltativa:

È una persona _a cui_ presto volentieri la macchina.
È una persona _cui_ presto volentieri la macchina.

preposizione + CUI = complemento indiretto

CHE = soggetto / oggetto

1. Trasformate ora i seguenti dialoghi secondo il modello:

Di solito con il treno si arriva in ritardo.
Non sempre: il treno con _cui_ ho viaggiato io è arrivato in perfetto orario.

1. Devi pensare solo alla spesa?
   No, le cose .... devo pensare sono anche altre.
2. Vuoi proprio conservare tutta quella roba?
   Sì, perché sono fotografie .... tengo molto.
3. Andate spesso dai Rossi?
   No, gli amici .... andiamo più volentieri sono i Carli.
4. Abita in una grande città, signora?
   No, la città .... abito è piuttosto piccola.
5. Gianni dice cose interessanti, ma si esprime in modo poco chiaro.
   Neppure a me piace il modo .... si esprime.

Lessico nuovo: facoltativo - perfetto.
Termini tecnici: complemento.

6. Su questo letto ho dormito comodamente.

Per me, invece è un tipo di letto .... non potrei dormire bene.

7. Vi preoccupate per così poco?

No, le ragioni .... ci preoccupiamo sono più gravi.

8. La Sua carriera dipende solo dal direttore?

No, le persone .... dipende sono anche altre.

9. Fra le persone che conosci qui ci sono anche stranieri?

Sì, ci sono diversi stranieri, ... uno svizzero molto simpatico.

10. Per andare a casa a piedi passate per questa strada?

No, la strada .... andiamo a piedi è molto più breve.

C. Il pronome relativo *il quale* **può sostituire** *che* (soggetto) e *cui*:

CHE
(senza preposizione)

Il ragazzo	CHE	studia
La ragazza	CHE	studia
I ragazzi	CHE	studiano
Le ragazze	CHE	studiano

a, di,
da, con,
per, fra
CUI

(con preposizione)

Il ragazzo	DI CUI	parlo
La ragazza	DI CUI	parlo
I ragazzi	DI CUI	parlo
Le ragazze	DI CUI	parlo

IL QUALE

1. al posto di **CHE** (usato come soggetto):

Il ragazzo	IL	QUALE	(CHE)	studia
La ragazza	LA	QUALE	(CHE)	studia
I ragazzi	I	QUALI	(CHE)	studiano
Le ragazze	LE	QUALI	(CHE)	studiano

2. al posto di **CUI**:

Il ragazzo	DEL	QUALE	(DI CUI)	parlo
La ragazza	DELLA	QUALE	(DI CUI)	parlo
I ragazzi	DEI	QUALI	(DI CUI)	parlo
Le ragazze	DELLE	QUALI	(DI CUI)	parlo

Lessico nuovo: –

1. Osservate ancora:

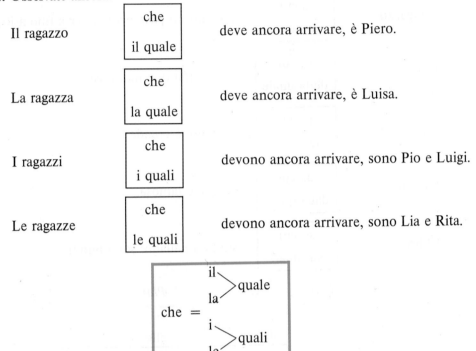

Il ragazzo   che / il quale   deve ancora arrivare, è Piero.

La ragazza   che / la quale   deve ancora arrivare, è Luisa.

I ragazzi   che / i quali   devono ancora arrivare, sono Pio e Luigi.

Le ragazze   che / le quali   devono ancora arrivare, sono Lia e Rita.

che = il / la quale ; i / le quali

1.a. Trasformate ora le seguenti frasi secondo il modello:

Conosco una persona importante *che* può aiutarvi a trovare lavoro.
Conosco una persona importante, *la quale* può aiutarvi a trovare lavoro.

1. Manuel è un ragazzo spagnolo che suona molto bene la chitarra.

....

2. Vivo in una vecchia casa che d'inverno è molto fredda.

....

3. Passiamo il tempo libero con Giorgio e Lisa che sono i nostri amici più cari.

....

4. Fumo soltanto questo tipo di sigarette che sono le più leggere.

....

5. Laura è la ragazza dai capelli lunghi che sta parlando con Leo.

....

Lessico nuovo: –

2.

Il ragazzo	a cui / al quale	ho dato un passaggio, andava fino a Roma.
La ragazza	di cui / della quale	ti ho parlato, è molto carina.
L'appartamento	in cui / nel quale	viviamo, è grande.
La città	da cui / dalla quale	vengo, è famosa.
I libri	su cui / sui quali	studio l'italiano, sono buoni.

3.

Sing. + Plur.		Sing.		Plur.	
a	CUI =	al / alla	quale	ai / alle	quali
di		del / della	quale	dei / delle	quali
da		dal / dalla	quale	dai / dalle	quali
in		nel / nella	quale	nei / nelle	quali
su		sul / sulla	quale	sui / sulle	quali
con		con il / con la	quale	con i / con le	quali
per		per il / per la	quale	per i / per le	quali
tra (fra)				tra (fra) i / tra (fra) le	quali

Lessico nuovo: –

4. Trasformate ora le seguenti frasi secondo il modello:

> Il treno con cui ho viaggiato io è arrivato in perfetto orario.
> Il treno con il quale ho viaggiato io è arrivato in perfetto orario.

1. Le cose a cui devo pensare sono anche altre.

....

2. Sono fotografie a cui tengo molto.

....

3. Gli amici da cui andiamo più volentieri sono i Carli.

....

4. La città in cui abito è piuttosto piccola.

....

5. Neppure a me piace il modo in cui si esprime Gianni.

....

6. È un tipo di letto su cui non potrei dormire bene.

....

7. Le ragioni per cui ci preoccupiamo sono più gravi.

....

8. Le persone da cui dipende la mia carriera sono più di una.

....

9. Ci sono diversi stranieri, fra cui uno svizzero molto simpatico.

....

10. La strada per cui andiamo a piedi è molto più breve di questa.

....

Lessico nuovo: –

5. Trasformate le frasi, sostituendo al pronome relativo la forma corrispondente:

1. Carlo non ha voluto spiegarmi i motivi *per i quali* non frequenta più il corso d'inglese.

   ....

2. Tu sei una delle poche persone *a cui* Luisa presta volentieri la macchina.

   ....

3. La famiglia *dalla quale* sto a pensione è veramente gentile con me.

   ....

4. Non riesco a ricordare il nome della via *in cui* abita Sergio.

   ....

5. È un film di grande valore, *del quale* tutti parlano bene.

   ....

6. C'è solo un punto *su cui* non mi trovo d'accordo con loro.

   ....

7. Conoscete un bravo meccanico *dal quale* potrei far riparare la macchina?

   ....

8. Lina è una ragazza cordiale, *con cui* è piacevole passare il tempo.

   ....

9. Mangiare fuori presenta alcuni aspetti negativi, *fra i quali* quello di non sapere come è cucinato il piatto che scegliamo.

   ....

10. Il continuo aumento del costo della vita rende difficile anche l'acquisto di alcuni generi *di cui* abbiamo assoluto bisogno.

    ....

Lessico nuovo: corrispondente.

6. Il pronome relativo CUI con valore di possessivo.

Quasi mai riesco a capire *un italiano,*

il cui dialet**to**
il dialetto *del quale*

è diverso dal mio.

Spesso non capisco bene *una persona,*

la cui pronunci**a**
la pronuncia *della quale*

è diversa dalla mia.

Ci sono diverse *famiglie,*

i cui bambin**i**
i bambini *delle quali*

imparano l'italiano a scuola.

Ci sono molti *bambini,*

le cui famigli**e**
le famiglie *dei quali*

parlano solo il dialetto.

Nota: Quando ha valore di possessivo, il pronome relativo *cui* è preceduto
dall'articolo determinativo o da una preposizione articolata:

È una persona,	il la i le	CUI	valore situazione problemi qualità	molti di noi conoscono.

È una persona	del per la ai sulle	CUI	valore situazione problemi qualità	siamo certi. mi preoccupo molto. s'interessano tutti. non ci sono dubbi.

Lessico nuovo: –

7. Osservazioni su CUI e IL QUALE con valore di possessivo:

Il cui	*Il quale*
a) precede il nome dell'oggetto: Le persone, la *cui* pronuncia ...	a) segue il nome dell'oggetto: *Le* persone, la pronuncia *delle quali* ...
b) l'articolo si accorda nel genere e nel numero con l'oggetto: Le persone, *la* cui pronunci*a* ...	b) l'articolo si accorda nel genere e nel numero con il soggetto: *Le* persone, la pronuncia dell*e* qual*i* ...

VI

1. Trasformate ora le seguenti frasi secondo il modello:

> Andiamo al mare con i Rossi. Il loro bambino va a scuola con il nostro.
> Andiamo al mare con i Rossi, *il cui* bambino va a scuola con il nostro.

1. Do un passaggio a Luigi. La sua macchina è dal meccanico.

   ....

2. Nel nostro giardino c'è un albero molto bello. I suoi frutti sono dolci.

   ....

3. Non sto volentieri con persone come queste. I loro interessi non vanno al di là dei soldi.

   ....

4. È un sarto famoso. I suoi modelli vanno a ruba.

   ....

5. Di solito pranziamo in una trattoria. I suoi prezzi sono ancora relativamente bassi.

   ....

Lessico nuovo: osservazione - accordarsi.

6. Sono esami piuttosto difficili. Il loro buon esito non è sempre sicuro.

....

7. Vengo da una famiglia numerosa. Le sue condizioni economiche sono state sempre cattive.

....

8. Carlo e Marta sono una coppia felice. Il loro matrimonio costituisce un esempio per molti.

....

9. Fanno parte di una categoria di lavoratori. Il loro stipendio non è alto.

....

10. Non potrei vivere in un appartamento come quello. Il suo spazio è veramente ridotto.

....

2. **Completate le frasi con il conveniente pronome relativo, facendo attenzione all'articolo o alla preposizione articolata che lo precede:**

> È un caso grave, *il cui* esito interessa a molti.
> È un impiegato *del cui* lavoro sono tutti contenti.

1. È un'opinione personale .... valore puoi anche mettere in dubbio.
2. I genitori sono forse le sole persone .... affetto possiamo essere sicuri in assoluto.
3. Franco, ... dipende la tua carriera, è un mio vecchio compagno di scuola.
4. Frequento una scuola di lingue, ... sede principale è a Milano.
5. È stato uno sciopero generale, ... effetti si sono fatti sentire sull'economia del paese.
6. Siamo lieti di sapere che esistono persone come lui, ... scelte non dipendono da ragioni politiche.
7. Lina, ... stato fisico ci siamo tanto preoccupati, ora sta di nuovo bene.
8. Giorgio, ... problemi c'è anche quello del lavoro, è molto giù in questo momento.
9. Carla è una vera amica, ... consigli posso sempre contare.
10. In albergo ho una camera piuttosto ampia, ... finestra si vede la parte antica della città.

Lessico nuovo: –

VII   *CHI*

È solo maschile singolare e, a differenza di *che, il quale, cui,* non segue mai un nome o un altro pronome:

Chi		mangia troppo, ingrassa.
Colui	*che*	mangia troppo, ingrassa.
Coloro Le persone	*che*	mangiano troppo, ingrassano.

e ancora:

Chi vuole fare troppe cose, non conclude nulla.
Chi fa una vita sana, vive a lungo.
Chi soffre di cuore non dovrebbe viaggiare in aereo.
Non sopporto *chi* parla male degli altri.
La borsa di studio andrà *a chi* supererà l'esame con il miglior voto.
Non parlo mai dei miei affari *con chi* non conosco.
Questo clima non è adatto *per chi* ama il caldo.

Come potete osservare, *chi* può essere preceduto da una preposizione, ma non dall'articolo.
Spesso si trova nei proverbi o in espressioni idiomatiche, come:

Chi vivrà, vedrà.
Chi si contenta, gode.
Chi va piano, va sano e va lontano.
Chi troppo vuole, niente ha.
Chi dorme, non piglia pesci.
Chi non lavora, non mangia.
Chi trova un amico, trova un tesoro.
Chi tardi arriva, male alloggia.
Chi fa da sé, fa per tre.
Ride bene chi ride l'ultimo.

Lessico nuovo: ingrassare - colui - coloro - concludere - sano - soffrire - cuore - sopportare - migliore - clima - adatto - proverbio - idiomatico - contentarsi - godere - pigliare - tesoro - alloggiare - ridere.

VIII

1. Trasformate ora le frasi secondo il modello:

> Coloro (le persone) che affermano questo, non dicono il vero.
> Chi   afferma questo, non dice il vero.

1. Coloro che fanno l'orario unico escono d'ufficio alle due.

   ....

2. Le persone che trovano subito lavoro sono fortunate.

   ....

3. Coloro che giocano al totocalcio sperano di vincere un sacco di soldi.

   ....

4. Le persone che corrono troppo con la macchina, prima o poi hanno un incidente.

   ....

5. Coloro che non hanno esperienza fanno spesso degli errori.

   ....

6. Le persone che devono vivere con il solo stipendio non hanno una vita facile.

   ....

7. Coloro che praticano uno sport restano giovani a lungo.

   ....

8. Le persone che si mantengono da sole non hanno impegni con nessuno.

   ....

9. Coloro che fanno sciopero sono stufi delle condizioni di lavoro.

   ....

10. Le persone che si dedicano alla cura dei bambini devono avere molta pazienza.

    ....

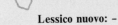

Lessico nuovo: –

IX

1. Riassumete il contenuto della conversazione fra Mario e Fred, completando il seguente testo:

Fred ha ancora .... difficoltà a capire .... dicono le persone con .... parla per la prima volta. Il suo problema è che quando una persona ha un accento diverso da quello .... è abituato, non capisce ....
Mario gli dice di non preoccuparsi, perché spesso succede agli stessi italiani di non capire bene una persona .... pronuncia è diversa dalla loro, poiché parla la .... d'italiano della sua regione. Mario aggiunge che se gli italiani .... vivono in regioni diverse si esprimono .... nel proprio dialetto, non sempre si capiscono fra di loro. Fred è sorpreso di sentire che in molte famiglie si parla solo il dialetto, ... a scuola i bambini imparano l'italiano come una lingua straniera.

2. Rispondete alle seguenti domande:

1. Secondo Mario, per imparare una lingua non basta studiare.
   Lei che ne pensa?

2. Perché, secondo Lei, Marilyn parla fluentemente l'italiano dopo pochi mesi che lo studia?

3. Per quale motivo Lei frequenta un corso d'italiano? Per parlare con la gente o semplicemente per leggere testi in originale?

4. Nel Suo paese esistono problemi simili a quelli dell'Italia per quanto riguarda la lingua? Se sì, dica in che senso.

5. Secondo Lei, il dialetto costituisce una ricchezza da conservare o piuttosto uno svantaggio per chi lo parla?
   Spieghi perché.

Lessico nuovo: ricchezza.

X *Test*

A. Unite le due frasi, usando il conveniente pronome relativo:

1. Per errore ho buttato lo scontrino. Senza lo scontrino non posso avere indietro la valigia.

   ....

2. È un amico molto caro. Da lui ho ricevuto tanti favori.

   ....

3. Mi fa pena quel ragazzo. I suoi genitori non vanno più d'accordo.

   ....

4. Succedono cose strane. Di esse non riusciamo a capire il senso.

   ....

5. Vi presento il dottor Carli. Con lui ho viaggiato in aereo da Roma a Milano.

   ....

B. Completate le seguenti frasi secondo il senso:

1. Dimmi con .... vai e ti dirò .... sei.
2. Non abbiamo notizie di Marta da molti giorni, ... ci preoccupa.
3. Non devi credere a .... dice lui.
4. .... guadagna poco è costretto a fare un doppio lavoro.
5. Il giornale .... leggo di solito, oggi non è uscito.

C. Trovate eventuali errori nelle seguenti frasi:

1. Non mi piacciono le persone che parlano troppo.
2. Luisa vorrebbe comprare tutto che vede nei negozi.
3. Non conosco la ragazza di cui state parlando.
4. La signora Massi, il marito di quale è morto un mese fa, ora vive con la figlia.
5. Luigi è costretto a fare una professione che non gli piace, il che non gli dà soddisfazione.

Lessico nuovo: –

D. Raccontate il contenuto del dialogo introduttivo "L'italiano e i dialetti", ricordando i seguenti punti:

Fred / qualche difficoltà / parlare / capire / persone / per la prima volta / comunque / cavarsela / problema / accento diverso / succedere / stessi italiani / non capirsi / esprimersi / rispettive varietà regionali / dialetto / molte famiglie / solo dialetto / bambini / scuola / italiano / lingua straniera / italiano standard / radio / televisione.

E. Traducete nella vostra lingua il dialogo introduttivo "L'italiano e i dialetti" e ritraducete in italiano, confrontando, poi, con il testo originale.

F. Fate il IX test.

Lessico nuovo: –

XI   «Come si dice»

Marilyn parla già fluentemente l'italiano.
È vero, comunque anche tu *te la cavi* abbastanza bene.

Ha problemi con il nuovo lavoro, signorina?
I primi giorni ho avuto difficoltà, ma ora *me la cavo* abbastanza bene.

Hai bisogno di aiuto, Luigi?
No, *me la cavo* da solo.

Avete speso molto in quel ristorante?
No, *ce la siamo cavata* con ventimila lire a testa.

L'incidente che è capitato a Mario poteva essere più grave.
Sì, ma per fortuna *se l'è cavata* solo con qualche ferita.

CAVARSELA

me		cavo
te		cavi?
se	**la**	cava
ce		caviamo
ve		cavate?
se		cavano

me	**la**	sono	
te	**la**	sei	
se	**l'**	è	cavata
ce	**la**	siamo	
ve	**la**	siete	
se	**la**	sono	

Lessico nuovo: ferita.

A questo punto Lei conosce
1417 parole italiane

XII   *Lettura.*

Breve storia della lingua italiana.

Nel momento in cui l'Italia diventava una nazione (1861) e Roma la sua capitale (1870) soltanto il 2,5% circa degli italiani parlava l'italiano. All'unità politica non corrispondeva, dunque, un'unità linguistica. Infatti non esisteva una lingua parlata e la maggioranza degli italiani usava i vari dialetti.
Chi voleva esprimersi in italiano poteva prendere a modello soltanto il "fiorentino delle persone colte".
Dopo l'unità d'Italia, con il verificarsi di nuove condizioni socio-economiche, l'italiano si diffonde sempre di più, tuttavia la gran massa degli italiani continua a parlare dialetto.
Ora, accanto al modello fiorentino, c'è anche quello di Roma, capitale d'Italia.
Il periodo successivo alla seconda guerra mondiale segna una svolta decisiva per la storia della lingua italiana.
Secondo le statistiche, nel 1950 solo il 18% degli italiani era in grado di usare la lingua nazionale. Nel 1968 sono il 50% gli italiani che usano l'italiano come lingua di comunicazione.
Oggi il 75% degli italiani parla italiano. Tuttavia la lingua parlata dalla maggior parte degli italiani è un italiano regionale, che risente dei vari dialetti, ed è dunque diverso per vari aspetti da regione a regione.
Tra i fattori che hanno contribuito a diffondere l'uso dell'italiano comune nel nostro secolo, possiamo citare i seguenti:

a) l'afflusso delle masse contadine dalle campagne alle città, e soprattutto dal Sud alle zone industriali del Nord;

b) la diffusione dell'istruzione obbligatoria;

c) la diffusione dei giornali e quindi dell'abitudine alla lettura;

d) lo sviluppo dei mezzi di comunicazione di massa (cinema, radio, e soprattutto la televisione).

Se è vero che esistono tante varietà d'italiano, viene spontanea la domanda: "Quale italiano imparare?"
È una domanda che si pongono gli stessi italiani ed alla quale non è facile dare una risposta.

Lessico nuovo: nazione - capitale (s.f.) - corrispondere - linguistico - maggioranza - fiorentino - colto - verificarsi - socio-economico - massa - accanto - successivo - mondiale - segnare - svolta - decisivo - statistica - nazionale - comunicazione - maggiore (agg.) - risentire - fattore - comune (agg.) - secolo - citare - afflusso - contadino (agg.) - industriale (agg.) - diffusione - istruzione - sviluppo - spontaneo - porre.

> A questo punto Lei conosce
> 1450 parole italiane

TEST

TEST I

(da fare dopo la prima parte dell'unità introduttiva)

Indicate con un segno (x) la frase corretta. Se non sapete qual è quella corretta, fate un segno sul [?].

1. Il libro è il quaderno sono gialli.   [a]
   Il libro e il quaderno sono gialli.   [b]
   Il libro e il quaderno è gialli.   [c]   [?]

2. La pena e la matita sono rosse.   [a]
   La penna e la matita sono rose.   [b]
   La penna e la matita sono rosse.   [c]   [?]

3. La cornicia e il fiore sono gialle.   [a]
   La cornice e il fiore sono gialli.   [b]
   La cornice e il fiore sono gialle.   [c]   [?]

4. Questo è il giornale di Mario.   [a]
   Questo è il giornalo di Mario.   [b]
   Questa è la giornale di Mario.   [c]   [?]

5. Questi sono i chiavi di casa.   [a]
   Queste sono le chiave di casa.   [b]
   Queste sono le chiavi di casa.   [c]   [?]

6. Il vestito di Luisa è verde.   [a]
   Il vestito di Luisa è verdo.   [b]
   Il vestito di Luisa è verda.   [c]   [?]

7. Questo è il quaderno di Paolo.   [a]
   Questo è il quaderne di Paolo.   [b]
   Questo è il cuaderno di Paolo.   [c]   [?]

8. Questo letto è picolo.   [a]
   Questo letto è piccolo.   [b]
   Questo letto e piccolo.   [c]   [?]

9. Chi è quello? È il libro.   [a]
   Chi è quello? È libro.   [b]
   Chi è quello? È Guido.   [c]   [?]

10. Questo libro qui è di Carla.   [a]
    Quel libro qui è di Carla.   [b]
    Questo libro lí è di Carla.   [c]   [?]

11. Io ha una matita nera.   [a]
    Io ho una matita nera.   [b]
    Io hai una matita nera.   [c]   [?]

12. Che cosa è questo? È un letto.   [a]
    Che cosa è questo? È signor Rossi.   [b]
    Che cosa è questo? È Maria.   [c]   [?]

13. Il signore è no italiano.   [a]
    Il signore no è italiano.   [b]
    Il signore non è italiano.   [c]   [?]

14. Marta ha una gonna gialla.   [a]
    Marta ha gonna gialla.   [b]
    Marta a una gonna gialla.   [c]   [?]

15. Questi sono i libri e i giornali   [a]
    Questi sono i libri e le giornale.   [b]
    Queste sono i libri e i giornali.   [c]   [?]

TEST II
(da fare al termine dell'unità introduttiva)

Indicate con un segno (x) la frase corretta. Se non sapete qual è quella corretta, fate un segno sul [?].

1. La cornice è verda. [a]
   La cornice è verde. [b]
   Il cornice è verdo. [c] [?]

2. Mary è un'inglese. [a]
   Mary è un'inglesa. [b]
   Mary è un inglese. [c] [?]

3. Manuel è uno studente spagnolo. [a]
   Manuel è un studente spagnolo. [b]
   Manuel è uno spagnolo studente. [c] [?]

4. Lucy è una studente americana. [a]
   Lucy è una studenta americana. [b]
   Lucy è una studentessa americana. [c] [?]

5. Sono questi i tui libri? [a]
   Sono questi tuoi libri? [b]
   Sono questi i tuoi libri? [c] [?]

6. Questi chiavi sono di Luisa. [a]
   Queste chiavi sono di Luisa. [b]
   Queste chiave sono di Luisa. [c] [?]

7. Nella classe ci sono pochi spagnoli. [a]
   Nella classe ci sono poci spagnoli. [b]
   Nella classe ci sono poco spagnoli. [c] [?]

8. Il inglese è difficile. [a]
   L'inglese è difficile. [b]
   Lo inglese è difficile. [c] [?]

9. I signori Bianchi hanno una Fiat. [a]
   I signori Bianchi anno una Fiat. [b]
   I signori Bianchi abbiamo una Fiat. [c] [?]

10. È tuo quel libro? No è mio. [a]
    È tuo quel libro? No, è non mio. [b]
    È tuo quel libro? No, non è mio. [c] [?]

11. Professore, è questo il tuo libro? [a]
    Professore, è questo Suo libro? [b]
    Professore, è questo il Suo libro? [c] [?]

12. Klaus è anche svizzero. [a]
    Anche Klaus è svizzero. [b]
    Klaus è svizzero anche. [c] [?]

13. La mia borsa è alla sedia. [a]
    La mia borsa è nella sedia. [b]
    La mia borsa è sulla sedia. [c] [?]

14. Sul banco c'è due penne. [a]
    Sul banco sono due penne. [b]
    Sul banco ci sono due penne. [c] [?]

15. Signor Neri, che macchina ha? [a]
    Signor Neri, che macchina a? [b]
    Signor Neri, che macchina hai? [c] [?]

TEST III

(da fare al termine della seconda unità)

Indicate con un segno (x) la frase corretta. Se non sapete qual è quella corretta, fate un segno sul [?].

1. Carlo, che cosa cerci?   [a]
   Carlo, che cosa cercha?   [b]
   Carlo, che cosa cerchi?   [c]   [?]

2. John vive in Italia fa due mesi. [a]
   John vive in Italia da due mesi. [b]
   John vive in Italia due mesi fa. [c]   [?]

3. Fred è un studente americano. [a]
   Fred è un'studente americano. [b]
   Fred è uno studente americano. [c]   [?]

4. Questa sera parto da Firenze per Roma. [a]
   Questa sera parto da Firenze in Roma. [b]
   Questa sera parto da Firenze a Roma. [c]   [?]

5. Oggi il tempo fa bello. [a]
   Oggi fa bel tempo. [b]
   Oggi fa il bello tempo. [c]   [?]

6. A che ora finiscete di studiare? [a]
   A che ora finiscite di studiare? [b]
   A che ora finite di studiare? [c]   [?]

7. Per l'appartamento pagiamo tanto. [a]
   Per l'appartamento paghiamo tanto. [b]
   Per l'appartamento pagamo tanto. [c]   [?]

8. Questa sera andiamo in discoteca. [a]
   Questa sera andiamo a discoteca. [b]
   Questa sera andiamo per discoteca. [c]   [?]

9. Che ora è? Sono l'una e un quarto. [a]
   È un quarto dopo l'una. [b]
   È l'una e un quarto. [c]   [?]

10. Comincio a studiare questa sera. [a]
    Comincio di studiare questa sera. [b]
    Comincio studiare questa sera. [c]   [?]

11. Oggi vado al professore di biologia. [a]
    Oggi vado a professore di biologia. [b]
    Oggi vado dal professore di biologia. [c]   [?]

12. Buon giorno, signora; come stai? [a]
    Buon giorno, signora; come sta? [b]
    Buon giorno, signora; come siete? [c]   [?]

13. Oggi pago io; Lei paga domani. [a]
    Oggi pago io; Lei pagha domani. [b]
    Oggi pago io; Lei pagi domani. [c]   [?]

14. Un biglietto di andata e ritorno per Firenze! [a]
    Un biglietto di andata e ritorno a Firenze! [b]
    Un biglietto di andata e ritorno da Firenze! [c]   [?]

15. L'armadio è nella camera a letto. [a]
    L'armadio è nella camera da letto. [b]
    L'armadio è nella camera di letto. [c]   [?]

16. Come sta, signorina? Bella, grazie! [a]
    Bene, grazie! [b]
    Buono, grazie! [c]   [?]

17. Quando parte il prossimo treno per Roma? [a]
    Quanto parte il prossimo treno per Roma? [b]
    Cuando parte il prossimo treno per Roma? [c]   [?]

18. I signori Valente sono di Milano. [a]
    I signori Valente sono da Milano. [b]
    I signori Valente vengono di Milano. [c]   [?]

19. Vorrei prenotare una camera semplice. [a]
    Vorrei prenotare una camera singolare. [b]
    Vorrei prenotare una camera singola. [c]   [?]

20. Questi sono
    uno studente inglese e una studenta francese. [a]
    un studente inglese e una studentessa francese. [b]
    uno studente inglese e una studentessa francese. [c]   [?]

TEST IV

(da fare al termine della quarta unità)

Indicate con un segno (x) la frase corretta. Se non sapete qual è quella corretta, fate un segno sul [?].

1. Lei capisci quando il professore parla?   [a]
   Lei capische quando il professore parla?   [b]
   Lei capisce quando il professore parla?   [c]   [?]

2. Io esco alle 7; voi quando uscite?   [a]
   Io esco alle 7; voi quando escite?   [b]
   Io usco alle 7; voi quando uscite?   [c]   [?]

3. Quell'aereo va in Stati Uniti.   [a]
   Quell'aereo va nei Stati Uniti.   [b]
   Quell'aereo va negli Stati Uniti.   [c]   [?]

4. Hai già preso il caffè?   [a]
   Sei già preso il caffè?   [b]
   Hai già prenduto il caffè?   [c]   [?]

5. Ho aspettato l'autobus un'ora.   [a]
   Ho aspettato per l'autobus un'ora.   [b]
   Ho aspettato all'autobus un'ora.   [c]   [?]

6. Gianni è arrivato in treno delle sette.   [a]
   Gianni è arrivato con il treno delle sette.   [b]
   Gianni è arrivato con treno delle sette.   [c]   [?]

7. Questo corso finisce fra due mesi.   [a]
   Questo corso finisce per due mesi.   [b]
   Questo corso finisce due mesi fa.   [c]   [?]

8. Dove ha nato, signorina?   [a]
   Dove è nata, signorina?   [b]
   Dove è nasciuta, signorina?   [c]   [?]

9. Scelgo quella gonna verde.   [a]
   Sceglio quella gonna verde.   [b]
   Scelgio quella gonna verde.   [c]   [?]

10. Cosa ha successo ieri sera?   [a]
    Cosa è successo ieri sera?   [b]
    Cosa è successa ieri sera?   [c]   [?]

11. Dove hai conosciuto Paolo?   [a]
    Dove hai saputo Paolo?   [b]
    Dove sei conosciuto Paolo?   [c]   [?]

12. È due mesi che cerco una casa.   [a]
    Sono due mesi che cerco una casa.   [b]
    Da due mesi che cerco una casa.   [c]   [?]

13. Cerchiamo un appartamento in affitto.   [a]
    Cerchiamo un appartamento per affitto.   [b]
    Cerchiamo un appartamento d'affitto.   [c]   [?]

14. Scusi, signore, ha passato l'autobus 23?   [a]
    Scusi, signore, è passata l'autobus 23?   [b]
    Scusi, signore, è passato l'autobus 23?   [c]   [?]

15. Che cosa hai offrito ai tuoi amici?   [a]
    Che cosa hai offerto ai tuoi amici?   [b]
    Che cosa hai offerta ai tuoi amici?   [c]   [?]

16. Finalmente oggi il tempo fa buono!   [a]
    Finalmente oggi il tempo è buono!   [b]
    Finalmente oggi il tempo è bene!   [c]   [?]

17. Vivo in Italia da quindici giorni.   [a]
    Vivo in italia fa quindici giorni.   [b]
    Vivo in Italia fra quindici giorni.   [c]   [?]

18. Signora, è stata mai a Parigi?
        Sì, sono stata l'anno scorso.   [a]
        Sì, sono ci stata l'anno scorso.   [b]
        Sì, ci sono stata l'anno scorso.   [c]   [?]

19. Questa sera alla tv c'è un film giallo.   [a]
    Questa sera alla tv c'è un giallo film.   [b]
    Questa sera alla tv c'è un film in giallo.   [c]   [?]

20. Che dici, andiamo con loro? Io dico sì.   [a]
                    Io dico di sì.   [b]
                    Io dico che sì.   [c]   [?]

TEST V

(da fare al termine della sesta unità)

Indicate con un segno (x) la frase corretta. Se non sapete qual è quella corretta, fate un segno sul [?].

1. Signora, sono queste le Sue chiavi?   [a]
   Signora, sono questi i Sui chiavi?   [b]
   Signora, sono questi i Suoi chiavi?   [c]   [?]

2. Abito in questa città da otto anni.   [a]
   Ho abitato in questa città da otto anni.   [b]
   Ho abitato in questa città in otto anni.   [c]   [?]

3. Avete incontrato Carla e il suo fratello?   [a]
   Avete incontrato Carla e suo fratello?   [b]
   Avete incontrato Carla e sua fratello?   [c]   [?]

4. Domani andrò al medico.   [a]
   Domani andrò per il medico.   [b]
   Domani andrò dal medico.   [c]   [?]

5. Luisa partirà la settimana scorsa.   [a]
   Luisa partirà la settimana prossima.   [b]
   Luisa partirà la settimana passata.   [c]   [?]

6. Domani rimanerò in casa tutto il giorno.   [a]
   Domani rimarrò in casa tutto il giorno.   [b]
   Domani rimarò in casa tutto il giorno.   [c]   [?]

7. Per venire siamo presi un taxi.   [a]
   Per venire abbiamo prenduto un taxi.   [b]
   Per venire abbiamo preso un taxi.   [c]   [?]

8. Signora, sta bene Suo bambino?   [a]
   Signora, sta bene il tuo bambino?   [b]
   Signora, sta bene il Suo bambino?   [c]   [?]

9. Sei andato anche tu alla partita? No, non ci sono andato.   [a]
                 No, ci non sono andato.   [b]
                 No, non sono ci andato.   [c]   [?]

10. Avrò dato l'esame e dopo prenderò due giorni di vacanza.   [a]
    Dopo avrò dato l'esame, prenderò due giorni di vacanza.   [b]
    Dopo che avrò dato l'esame prenderò due giorni di vacanza.   [c]   [?]

11. Non dimenticarò mai questi giorni.   [a]
    Non dimenticherò mai questi giorni.   [b]
    Non dimenticerò mai questi giorni.   [c]   [?]

12. Luigi ha cambiato lavoro fra due settimane.   [a]
    Luigi ha cambiato lavoro fa due settimane.   [b]
    Luigi ha cambiato lavoro due settimane fa.   [c]   [?]

13. Quanto zucchero? No zucchero, grazie!   [a]
                  Non zucchero, grazie!   [b]
                  Niente zucchero, grazie!   [c]   [?]

14. Partiremo domani con treno delle nove.   [a]
    Partiremo domani con il treno delle nove.   [b]
    Partiremo domani in treno delle nove.   [c]   [?]

15. Quanto ti è costata quella gonna?   [a]
    Quanto ti ha costato quella gonna?   [b]
    Quanto ti è costato quella gonna?   [c]   [?]

16. Da due mesi che cerco un appartamento.   [a]
    È due mesi che cerco un appartamento.   [b]
    Sono due mesi che cerco un appartamento.   [c]   [?]

17. I signori Rossi porteranno anche la sua figlia.   [a]
    I signori Rossi porteranno anche loro figlia.   [b]
    I signori Rossi porteranno anche la loro figlia.   [c]   [?]

18. Un biglietto di andata e ritorno per Genova.   [a]
    Un biglietto di andata e ritorno a Genova.   [b]
    Un biglietto di andata e ritorno da Genova.   [c]   [?]

19. Sai parlare in inglese?   [a]
    Conosci parlare in inglese?   [b]
    Riesci parlare in inglese?   [c]   [?]

20. Deve scrivere l'indirizzo sul questo modulo.   [a]
    Deve scrivere l'indirizzo nel questo modulo.   [b]
    Deve scrivere l'indirizzo su questo modulo.   [c]   [?]

21. I signori Esposito hanno venduto loro casa.   [a]
    I signori Esposito hanno venduto la loro casa.   [b]
    I signori Esposito hanno venduto la sua casa.   [c]   [?]

22. Torneremo in 14 luglio.   [a]
    Torneremo il 14 luglio.   [b]
    Torneremo a 14 luglio.   [c]   [?]

23. Anche oggi Piero è arrivato di ritardo.   [a]
    Anche oggi Piero è arrivato in ritardo.   [b]
    Anche oggi Piero è arrivato a ritardo.   [c]   [?]

24. I miei nonni vivono in campagna.   [a]
    Miei nonni vivono in campagna.   [b]
    I mii nonni vivono in campagna.   [c]   [?]

25. Prima farò il bagno e dopo andrò a letto.   [a]
    Prima avrò fatto il bagno e dopo andrò a letto.   [b]
    Prima farò il bagno e dopo sarò andato a letto.   [c]   [?]

TEST VI

(da fare al termine dell'ottava unità)

Indicate con un segno (x) la frase corretta. Se non sapete qual è quella corretta, fate un segno sul [?].

1. Conosci Paolo? Sì, conosco. [a]
   Sì, conoscolo. [b]
   Sì, lo conosco. [c] [?]

2. Partiamo a Roma stasera. [a]
   Partiamo per Roma stasera. [b]
   Partiamo in Roma stasera. [c] [?]

3. Non vedo l'ora di andare in vacanza. [a]
   Non vedo il minuto di andare in vacanza. [b]
   Non vedo il giorno di andare in vacanza. [c] [?]

4. Questa macchina mi è costata molto. [a]
   Questa macchina mi è costato molto. [b]
   Questa macchina mi ha costato molto. [c] [?]

5. Durante la lezione di storia scriveva su un foglio. [a]
   Mentre la lezione di storia scriveva su un foglio. [b]
   Nella lezione di storia scriveva su un foglio. [c] [?]

6. L'esercizio è facile: so farlo da solo. [a]
   L'esercizio è facile: so lo fare da solo. [b]
   L'esercizio è facile: lo so farlo da solo. [c] [?]

7. Quanto tempo rimanerai in questa città? [a]
   Quanto tempo rimarai in questa città? [b]
   Quanto tempo rimarrai in questa città? [c] [?]

8. Quando hai visto Carla l'ultima volta?
   L'ho visto un mese fa. [a]
   L'ho vista un mese fa. [b]
   Ho visto un mese fa. [c] [?]

9. Mio padre lavora sei ore nel giorno. [a]
   Mio padre lavora sei ore al giorno. [b]
   Mio padre lavora sei ore per il giorno. [c] [?]

10. Sei senza soldi? Sì, ne ho spesi tutti. [a]
    Sì, li ho speso tutti. [b]
    Sì, li ho spesi tutti. [c] [?]

11. I signori Roversi hanno portato anche la loro figlia. [a]
    I signori Roversi hanno portato anche sua figlia. [b]
    I signori Roversi hanno portato anche loro figlia. [c] [?]

12. Ieri abbiamo rimasto a casa tutto il giorno. [a]
    Ieri siamo rimasti a casa tutto il giorno. [b]
    Ieri rimanevamo a casa tutto il giorno. [c] [?]

13. Professore, La ringrazio molto! [a]
    Professore, Lo ringrazio molto! [b]
    Professore, Le ringrazio molto! [c] [?]

14. Prendi un po' di aranciata? Sì, grazie, prendo un po'. [a]
    Sì, grazie, ne prendo un po'. [b]
    Sì, grazie, la prendo un po'. [c] [?]

15. Abbiamo avuto sonno, perciò siamo andati a letto presto. [a]
    Avevamo sonno, perciò siamo andati a letto presto. [b]
    Abbiamo avuto sonno, perciò andavamo a letto presto. [c] [?]

16. Ieri a quest'ora sono in viaggio. [a]
    Ieri a quest'ora sono stato in viaggio. [b]
    Ieri a quest'ora ero in viaggio. [c]   [?]

17. Di lettere ho ricevuto molte in questi ultimi tempi. [a]
    Di lettere ne ho ricevute molte in questi ultimi tempi. [b]
    Lettere ho ricevute molte in questi ultimi tempi. [c]   [?]

18. Vuoi una sigaretta? No, grazie, oggi ne ho fumato troppe. [a]
    No, grazie, oggi ho fumate troppe. [b]
    No, grazie, oggi ne ho fumate troppe. [c]   [?]

19. Luisa è tornata a casa perché stava male. [a]
    Luisa tornava a casa perché è stata male. [b]
    Luisa tornava a casa perché era male. [c]   [?]

20. Signora, è Sua questa giornale? [a]
    Signora, è Suo questo giornale? [b]
    Signora, è Suo il questo giornale? [c]   [?]

21. Franco è laureato per medicina. [a]
    Franco è laureato nella medicina. [b]
    Franco è laureato in medicina. [c]   [?]

22. Hai spiccioli per l'autobus? No, non ho. [a]
    No, non ce li ho. [b]
    No, ce non li ho. [c]   [?]

23. Ho conosciuto Sandro quando lavorava in un bar. [a]
    Conoscevo Sandro quando lavorava in un bar. [b]
    Ho conosciuto Sandro quando ha lavorato in un bar. [c]   [?]

24. Con i tempi che vanno è difficile trovare un lavoro. [a]
    Con i tempi che corrono, è difficile trovare un lavoro. [b]
    Con i tempi che passano, è difficile trovare un lavoro. [c]   [?]

25. Marta è partita? Sì, doveva partire stamattina. [a]
    Sì, ha dovuta partire stamattina. [b]
    Sì, è dovuta partire stamattina. [c]   [?]

26. Cercherò di arrivare in tempo per la cena. [a]
    Cercarò di arrivare in tempo per la cena. [b]
    Cercherò arrivare in tempo per la cena. [c]   [?]

27. Mentre aspettavo il treno, leggevo tutto il giornale. [a]
    Mentre ho aspettato il treno, leggevo tutto il giornale. [b]
    Mentre aspettavo il treno, ho letto tutto il giornale. [c]   [?]

28. Viene anche Carla a Lucca? Penso no. [a]
    Penso di no. [b]
    Penso che no. [c]   [?]

29. Saremo partiti dopo che daremo l'esame. [a]
    Partiremo dopo che avremo dato l'esame. [b]
    Saremo partiti dopo che avremo dato l'esame. [c]   [?]

30. Ieri è entrato in classe mentre il professore spiegava. [a]
    Ieri è entrato in classe mentre il professore ha spiegato. [b]
    Ieri entrava in classe mentre il professore ha spiegato. [c]   [?]

TEST VII

(da fare al termine della decima unità)

Indicate con un segno (x) la frase corretta. Se non sapete qual è quella corretta, fate un segno sul [?].

1. Io rimango: rimanghi anche tu?   [a]
   Io rimango: rimani anche tu?   [b]
   Io rimango: rimangi anche tu?   [c]   [?]

2. Luisa ha preso la macchina perché gli serviva.   [a]
   Luisa ha preso la macchina perché le serviva.   [b]
   Luisa ha preso la macchina perché la serviva.   [c]   [?]

3. L'incidente è successo in corso Manzoni.   [a]
   L'incidente ha successo in corso Manzoni.   [b]
   L'incidente ha succeduto in corso Manzoni.   [c]   [?]

4. Ragazzi, vi ha piaciuto il film?   [a]
   Ragazzi, siete piaciuti il film?   [b]
   Ragazzi, vi è piaciuto il film?   [c]   [?]

5. Quanto viene questa borsa?   [a]
   Per quanto viene questa borsa?   [b]
   Che viene questa borsa?   [c]   [?]

6. Se accadi a Firenze, vieni a trovarmi!   [a]
   Se succedi a Firenze, vieni a trovarmi!   [b]
   Se capiti a Firenze, vieni a trovarmi!   [c]   [?]

7. Sei senza soldi? Sì, ne ho spesi tutti.   [a]
   Sei senza soldi? Sì, li ho spesi tutti.   [b]
   Sei senza soldi? Sì, ho speso tutti.   [c]   [?]

8. Vivo in Stati Uniti da quindici anni.   [a]
   Vivo a Stati Uniti da quindici anni.   [b]
   Vivo negli Stati Uniti da quindici anni.   [c]   [?]

9. A Paolo piacciono i liquori: gli compreremo una bottiglia di cognac. [a]
                      lo compreremo una bottiglia di cognac. [b]
                      le compreremo una bottiglia di cognac. [c]   [?]

10. Vorrei un paio di sportive scarpe.   [a]
    Vorrei un paio di scarpe sportive.   [b]
    Vorrei un paio scarpe sportive.   [c]   [?]

11. Partiamo per Roma la prossima settimana.   [a]
    Partiamo a Roma la prossima settimana.   [b]
    Partiamo in Roma la prossima settimana.   [c]   [?]

12. Ieri sono rimasto a letto perché stavo male.   [a]
    Ieri ho rimasto a letto perché stavo male.   [b]
    Ieri rimanevo a letto perché sono stato male.   [c]   [?]

13. Signora, come sta marito Suo?   [a]
    Signora, come sta il Suo marito?   [b]
    Signora, come sta Suo marito?   [c]   [?]

14. Quando vedo Paolo, lo domando se ci dà la macchina.   [a]
    Quando vedo Paolo, gli domando se ci dà la macchina.   [b]
    Quando vedo Paolo, le domando se ci dà la macchina.   [c]   [?]

15. Per questo esame Luigi si è dovuto preparare in venti giorni.   [a]
                  è dovuto prepararsi in venti giorni.   [b]
                  si ha dovuto preparare in venti giorni.   [c]   [?]

16. I signori Ferrini hanno portato anche suo bambino.   [a]
    I signori Ferrini hanno portato anche loro bambino.   [b]
    I signori Ferrini hanno portato anche il loro bambino.   [c]   [?]

17. Non lo sa nessuno e neppure Carlo non lo sa.   [a]
    Non lo sa nessuno e neppure Carlo lo sa.   [b]
    Non lo sa nessuno e neppure Carlo non sa.   [c]   [?]

18. A che ora ti sei alzato stamattina?   [a]
    A che ora ti hai alzato stamattina?   [b]
    A che ora hai ti alzato stamattina?   [c]   [?]

19. Ci abbiamo dovuti fermare per dormire un po'.   [a]
    Siamo dovuti fermarci per dormire un po'.   [b]
    Abbiamo dovuto fermarci per dormire un po'.   [c]   [?]

20. Anna e Luisa aspettano una risposta da noi:
                    quando gli telefoniamo?   [a]
                    quanto le telefoniamo?   [b]
                    quando loro telefoniamo?   [c]   [?]

21. Quest'anno vanno di moda i colori chiari.   [a]
    Quest'anno vanno in moda i colori chiari.   [b]
    Quest'anno vanno alla moda i colori chiari.   [c]   [?]

22. Francesca è arrivata? No, eppure doveva arrivare un'ora fa.   [a]
                    No, eppure è dovuta arrivare un'ora fa.   [b]
                    No, eppure ha dovuto arrivare un'ora fa.   [c]   [?]

23. Ieri Piera portava i pantaloni rosi.   [a]
    Ieri Piera portava i pantaloni rosa.   [b]
    Ieri Piera portava i rosa pantaloni.   [c]   [?]

24. Scusi, conosce dov'è la Banca Commerciale?   [a]
    Scusi, sa dov'è la Banca Commerciale?   [b]
    Scusi, sai dov'è la Banca Commerciale?   [c]   [?]

25. Aspettavo l'autobus da dieci minuti, quando è arrivata Franca.   [a]
    Aspettavo l'autobus per dieci minuti, quando è arrivata Franca.   [b]
    Ho aspettato l'autobus da dieci minuti, quando è arrivata Franca. [c] [?]

26. All'esame Liza è risposta a tutte le domande.   [a]
    All'esame Liza ha risposto tutte le domande.   [b]
    All'esame Liza ha risposto a tutte le domande.   [c]   [?]

27. Anche questo mese i soldi non mi hanno bastato.   [a]
    Anche questo mese i soldi non mi sono bastati.   [b]
    Anche questo mese i soldi mi non sono bastati.   [c]   [?]

28. Ho ricevuto una lettera da Carla; devo risponderle subito.   [a]
    Ho ricevuto una lettera da Carla; devo risponderla subito.   [b]
    Ho ricevuto una lettera da Carla; devo le rispondere subito. [c]   [?]

29. A viaggiare sempre in macchina si ci stanca di più.   [a]
    A viaggiare sempre in macchina si si stanca di più.   [b]
    A viaggiare sempre in macchina ci si stanca di più.   [c]   [?]

30. Ieri Sandro è arrivato alle otto, invece io sono arrivato alle sette.   [a]
    Ieri Sandro arrivava alle otto, invece io sono arrivato alle sette.   [b]
    Ieri Sandro è arrivato alle otto, invece io arrivavo alle sette.   [c] [?]

TEST VIII

(da fare al termine della dodicesima unità)

Indicate con un segno (x) la frase corretta. Se non sapete qual è quella corretta, fate un segno sul [?].

1. Queste sono le chiave dell'appartamento. [a]
   Queste sono le chiavi dell'appartamento. [b]
   Questi sono i chiavi dell'appartamento. [c]   [?]

2. Carlo ha detto che ieri è stato male tutto il giorno. [a]
   Carlo ha detto che ieri ha stato male tutto il giorno. [b]
   Carlo ha detto che ieri stava male tutto il giorno. [c]   [?]

3. Non ha più sigarette, signora? Le ne posso offrire una io. [a]
   Gliene posso offrire una io. [b]
   Giela posso offrire una io. [c]   [?]

4. Quasi quasi prenderei un altro cognac. [a]
   Quasi quasi prenderò un altro cognac. [b]
   Quasi quasi ho preso un altro cognac. [c]   [?]

5. Hanno spento le luci: lo spettacolo è per cominciare! [a]
   Hanno spento le luci: lo spettacolo va cominciare! [b]
   Hanno spento le luci: lo spettacolo sta per cominciare! [c]   [?]

6. Chi ti ha regalato questo disco? Me l'ha regalato Gianni. [a]
   Mi l'ha regalato Gianni. [b]
   Me ne ha regalato Gianni. [c]   [?]

7. Non riuscirai a fare tutto da solo. [a]
   Non riuscirai di fare tutto da solo. [b]
   Non riuscirai da fare tutto da solo. [c]   [?]

8. Hai scritto ai tuoi genitori? No, li scrivo domani. [a]
   No, gli scrivo domani. [b]
   No, loro scrivo domani. [c]   [?]

9. Carlo, per piacere, mi dà quel foglio! [a]
   Carlo, per piacere, dami quel foglio! [b]
   Carlo, per piacere, dammi quel foglio! [c]   [?]

10. Sta arrivando anche Francesca. [a]
    È arrivando anche Francesca. [b]
    Va arrivare anche Francesca. [c]   [?]

11. Belli questi orecchini! Chi ti li ha regalati? [a]
    Belli questi orecchini! Chi ti ha regalato? [b]
    Belli questi orecchini! Chi te li ha regalati? [c]   [?]

12. Com'è bravo il Suo bambino, signora! [a]
    Com'è bravo Suo bambino, signora! [b]
    Com'è bravo Sua bambino, signora! [c]   [?]

13. Per comprare quella macchina ci vuole troppi soldi. [a]
    Per comprare quella macchina ci vogliono troppi soldi. [b]
    Per comprare quella macchina bisognano troppi soldi. [c]   [?]

14. Tua sorella sta passando un momento difficile: stagli vicino! [a]
    stalle vicino! [b]
    le stai vicino! [c]   [?]

15. Al posto tuo io rimanerei. [a]
    Al posto tuo io rimarei. [b]
    Al posto tuo io rimarrei. [c]   [?]

16. Questo vestito ti sta proprio bene. [a]
    Questo vestito ti sta proprio bello. [b]
    Questo vestito ti sta proprio buono. [c] [?]

17. In trattoria, di solito, uno si spende poco. [a]
    In trattoria, di solito, ci si spende poco. [b]
    In trattoria, di solito, si spende poco. [c] [?]

18. È difficile decidere così ai due piedi. [a]
    È difficile decidere così su due piedi. [b]
    È difficile decidere così sui piedi. [c] [?]

19. Marcella non pensa che al matrimonio;
    si sposerà anche domani. [a]
    si sposerebbe anche domani. [b]
    si sposa anche domani. [c] [?]

20. Conosco Franco da molti anni. [a]
    Conosco Franco per molti anni. [b]
    Ho conosciuto Franco da molti anni. [c] [?]

21. Quando è suonato il telefono, ho dormito ancora. [a]
    Quando suonava il telefono, ho dormito ancora. [b]
    Quando è suonato il telefono, dormivo ancora. [c] [?]

22. Vi siete divertite, ragazze? [a]
    Vi siete divertito, ragazze? [b]
    Vi avete divertito, ragazze? [c] [?]

23. Quanti anni hai, Franco? [a]
    Quanto sei vecchio, Franco? [b]
    Quando hai nato, Franco? [c] [?]

24. Voglio cambiare posto, perché da qui non ne vedo bene. [a]
    Voglio cambiare posto, perché da qui ci non vedo bene. [b]
    Voglio cambiare posto, perché da qui non ci vedo bene. [c] [?]

25. Carla doveva telefonargli alle nove, ma ne è dimenticata. [a]
    Carla doveva telefonargli alle nove, ma se n'è dimenticata. [b]
    Carla ha dovuto telefonargli alle nove, ma ne s'è dimenticata. [c] [?]

26. Il treno era pieno: ho fatto il viaggio in piedi. [a]
    Il treno era pieno: ho fatto il viaggio a piedi. [b]
    Il treno era pieno: ho fatto il viaggio sui piedi. [c] [?]

27. In macchina prende solo dieci minuti. [a]
    In macchina ci vuole solo dieci minuti. [b]
    In macchina ci vogliono solo dieci minuti. [c] [?]

28. Queste camicie si lava con l'acqua fredda. [a]
    Queste camicie si lavano con l'acqua fredda. [b]
    Queste camicie uno lava con l'acqua fredda. [c] [?]

29. A quella notizia siamo rimasti a bocca aperta. [a]
    A quella notizia siamo rimasti di bocca aperta. [b]
    A quella notizia siamo rimasti con bocca aperta. [c] [?]

30. Per arrivare a Siena ci siamo messi solo tre ore. [a]
    Per arrivare a Siena ne abbiamo messe solo tre ore. [b]
    Per arrivare a Siena ci abbiamo messo solo tre ore. [c] [?]

TEST IX

Indicate con un segno (x) la frase corretta. Se non sapete qual è quella corretta, fate un segno sul [?].

1. Se cerchi il numero di telefono di Renato, posso dartelo io.   [a]
                                          posso te lo dare io.   [b]
                                          lo posso darti io.   [c]   [?]

2. Qual è Suo sport preferito, dottore?   [a]
   Qual è il Suo sport preferito, dottore?   [b]
   Qual è lo Suo sport preferito, dottore?   [c]   [?]

3. Fra poco comincerà a piovere.   [a]
   Fra poco comincerà per piovere.   [b]
   Fra poco comincerà di piovere.   [c]   [?]

4. Sono andato da Stefano perché sapevo che a quell'ora
                          lo troverei a casa.   [a]
                          l'avrei trovato a casa.   [b]
                          lo troverò a casa.   [c]   [?]

5. Professore, se ha cinque minuti di tempo,
                          avrei voluto farLe una domanda.   [a]
                          vorrò farLe una domanda.   [b]
                          vorrei farLe una domanda.   [c]   [?]

6. La signora da che sto a pensione, è molto gentile con me.   [a]
   La signora dalla cui sto a pensione, è molto gentile con me.   [b]
   La signora dalla quale sto a pensione, è molto gentile con me.   [c]   [?]

7. Sapevo che Gianna si sposerà entro il mese.   [a]
   Sapevo che Gianna si sposerebbe entro il mese.   [b]
   Sapevo che Gianna si sarebbe sposata entro il mese.   [c]   [?]

8. Che trova un amico, trova un tesoro.   [a]
   Chi trova un amico, trova un tesoro.   [b]
   Il quale trova un amico, trova un tesoro.   [c]   [?]

9. Per questo esame mi sono dovuto preparare in venti giorni.   [a]
   Per questo esame mi ho dovuto preparare in venti giorni.   [b]
   Per questo esame sono dovuto prepararmi in venti giorni.   [c]   [?]

10. Non conosco la persona di cui parlate.   [a]
    Non conosco la persona di che parlate.   [b]
    Non conosco la personaa di chi parlate.   [c]   [?]

11. Hai fatto qualche bagno al mare?
                         Sì, li ho fatti tanti!   [a]
                         Sì, ne ho fatto tanti!   [b]
                         Sì, ne ho fatti tanti!   [c]   [?]

12. Sandro, come la cavi con l'inglese?   [a]
    Sandro, come te la cavi con l'inglese?   [b]
    Sandro, come ti cavi con l'inglese?   [c]   [?]

13. Quel giorno ero senza soldi, se no l'avrei comprato.   [a]
    Quel giorno ero senza soldi, se no l'ho comprato.   [b]
    Quel giorno ero senza soldi, se no lo comprerei.   [c]   [?]

14. Sono foto di cui tengo molto.   [a]
    Sono foto a cui tengo molto.   [b]
    Sono foto con cui tengo molto.   [c]   [?]

15. La radio ha detto che neppure domani sarebbe piovuto. [a]
    La radio ha detto che neppure domani sarà piovuto. [b]
    La radio ha detto che neppure domani pioverà. [c]   [?]

16. Carlo è capitato qui a Roma e non si è fatto vedere. [a]
    Carlo è successo qui a Roma e non si è fatto vedere. [b]
    Carlo è accaduto qui a Roma e non si è fatto vedere. [c]   [?]

17. Quando parla Gianni io non capisco un acca. [a]
    Quando parla Gianni io capisco un'acca. [b]
    Quando parla Gianni io non capisco un'acca. [c]   [?]

18. Non ho fiducia in chi parla solo di sé. [a]
    Non ho fiducia in che parla solo di sé. [b]
    Non ho fiducia in cui parla solo di sé. [c]   [?]

19. Ho ascoltato con attenzione tutto che hai detto. [a]
    Ho ascoltato con attenzione tutto quello che hai detto. [b]
    Ho ascoltato con attenzione tutto ciò hai detto. [c]   [?]

20. L'ho visto arrivare in macchina di Franco. [a]
    L'ho visto arrivare con la macchina di Franco. [b]
    L'ho visto arrivare con macchina di Franco. [c]   [?]

21. Ieri Enrico mi ha detto che prima di pranzo oggi
        sarebbe passato a casa, ma ancora non l'ho visto. [a]
        passerebbe a casa, ma ancora non l'ho visto. [b]
        sarà passato a casa, ma ancora non l'ho visto. [c]   [?]

22. Questo posto le piace moltissimo: ci vivrebbe sempre. [a]
    Questo posto le piace moltissimo: ci viverebbe sempre. [b]
    Questo posto le piace moltissimo: ci avrebbe vissuta sempre. [c]   [?]

23. Ci si annoia a stare sempre senza fare niente. [a]
    Annoiasi a stare sempre senza fare niente. [b]
    Si ci annoia a stare sempre senza fare niente. [c]   [?]

24. Domenica scorsa rimanevo volentieri in campagna. [a]
    Domenica scorsa avrei rimasto volentieri in campagna. [b]
    Domenica scorsa sarei rimasta volentieri in campagna. [c]   [?]

25. In questi ultimi tempi la benzina ha subito diversi aumenti. [a]
    In questi ultimi tempi la benzina è subita diversi aumenti. [b]
    In questi ultimi tempi la benzina subiva diversi aumenti. [c]   [?]

26. Per visitare la galleria ci vuole il biglietto. [a]
    Per visitare la galleria si deve il biglietto. [b]
    Per visitare la galleria bisogna il biglietto. [c]   [?]

27. Lucia rimane a casa perché non le va di uscire. [a]
    Lucia rimane a casa perché non la va di uscire. [b]
    Lucia rimane a casa perché non ci va di uscire. [c]   [?]

28. Signora, posso chiederLa per un favore? [a]
    Signora, posso chiederLe un favore? [b]
    Signora, posso Le chiedere un favore? [c]   [?]

29. Gli studenti chi vogliono dare l'esame devono presentare
    la domanda. [a]
    Gli studenti che vogliono dare l'esame devono presentare
    la domanda. [b]
    Gli studenti quali vogliono dare l'esame devono presentare
    la domanda. [c]   [?]

30. È un film noioso: non vallo a vedere! [a]
    È un film noioso: non andarlo a vedere! [b]
    È un film noioso: non lo va' a vedere! [c]   [?]

NOTE

Indice analitico

Unità	Funzioni linguistiche	Strutture linguistiche	Pag.
8. *Soggiorno di studio in Italia*	Informarsi su come una persona ha appreso una lingua straniera - Parlare del tipo di corso frequentato, delle difficoltà incontrate e del soggiorno di studio nel suo complesso	L'imperfetto indicativo - "sapere" e "conoscere" al passato - Uso di "mentre" e "durante"	125
9. *In giro per acquisti*	Chiedere di vedere capi di abbigliamento - Discutere sulla qualità di questi - Modelli di lingua abituali quando si vanno a fare varie compere	Pronomi indiretti Alcuni sinonimi	151
10. *Nozze in vista*	Parlare di come si svolgerà una cerimonia nuziale e dei progetti di viaggio degli sposi - Chiedere e dare informazioni su un viaggio effettuato - Storia di parole - Note di civiltà ·	Verbi riflessivi - Forma impersonale (1)	165
11. *Parlando di politica*	Esprimere le proprie opinioni in fatto di politica - Richiedere e suggerire ad una persona di fare/non fare qualcosa - Fissare un incontro per telefono - Ordinamento dello Stato italiano	Pronomi combinati - Imperativo diretto (tu-voi-noi) - Forma perifrastica	181
12. *A cena fuori*	Parlare di cibi e bevande - Scegliere i piatti da ordinare al ristorante - Esprimere il desiderio di mangiare c bere qualcosa - Dire o chiedere qualcosa in modo cortese - Esprimere il desiderio o l'intenzione di fare qualcosa - Esprimere avversione a fare qualcosa	Il condizionale semplice - il verbo "andare" con i pronomi indiretti - Le particelle "ci" "vi" e "ne" - Espressioni idiomatiche in relazione alle diverse parti del corpo	205
13. *Un invito mancato*	Esprimere rimpianto per una occasione perduta - Scusarsi per una dimenticanza - Porre un fatto come certo - Esprimere un'azione voluta, ma non realizzata nel passato e non realizzabile nel presente/futuro - Esprimere un'azione condizionata da un'altra - Porre un fatto come probabile	Il condizionale composto	223
14. *L'italiano e i dialetti*	Esprimersi circa la propria competenza linguistica - Dichiararsi d'accordo sul contenuto di un enunciato - Porre un fatto come conseguenza inevitabile di un altro - Indagare se un fatto è vero o falso - Dare informazioni su dei fatti - Portare esempi - Esprimere intenzione di fare - Breve storia della lingua italiana	I pronomi relativi	245

Test